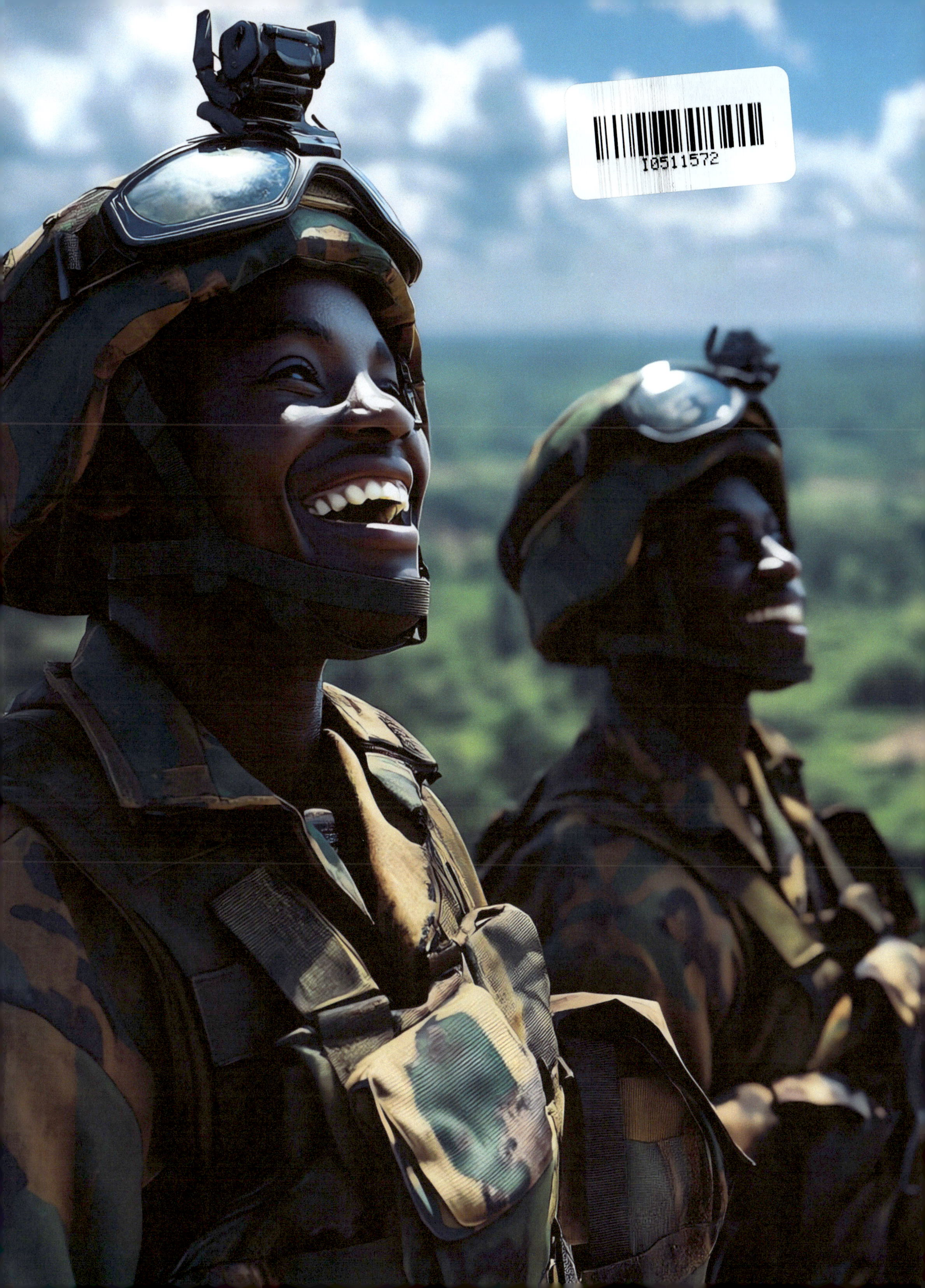

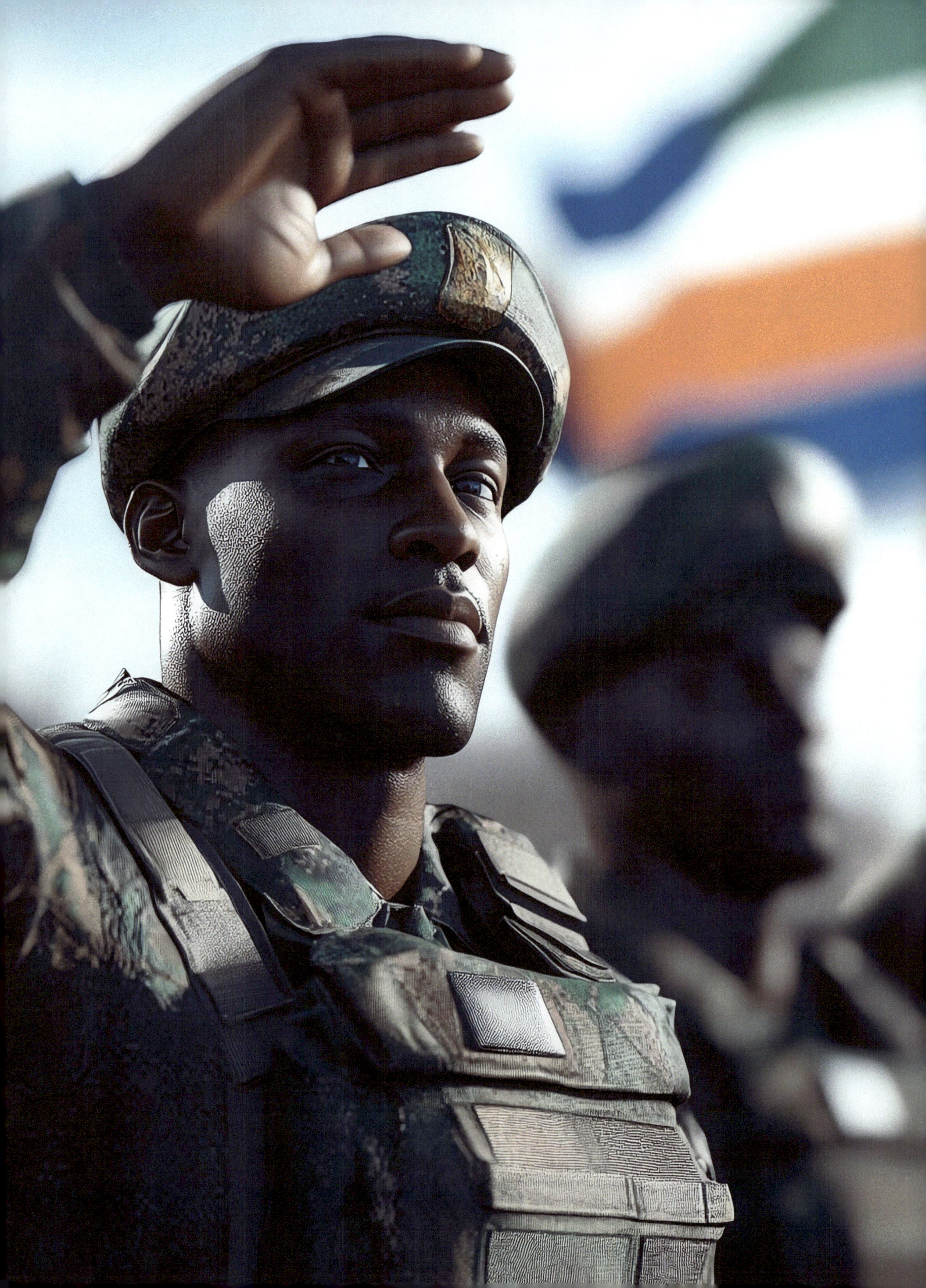

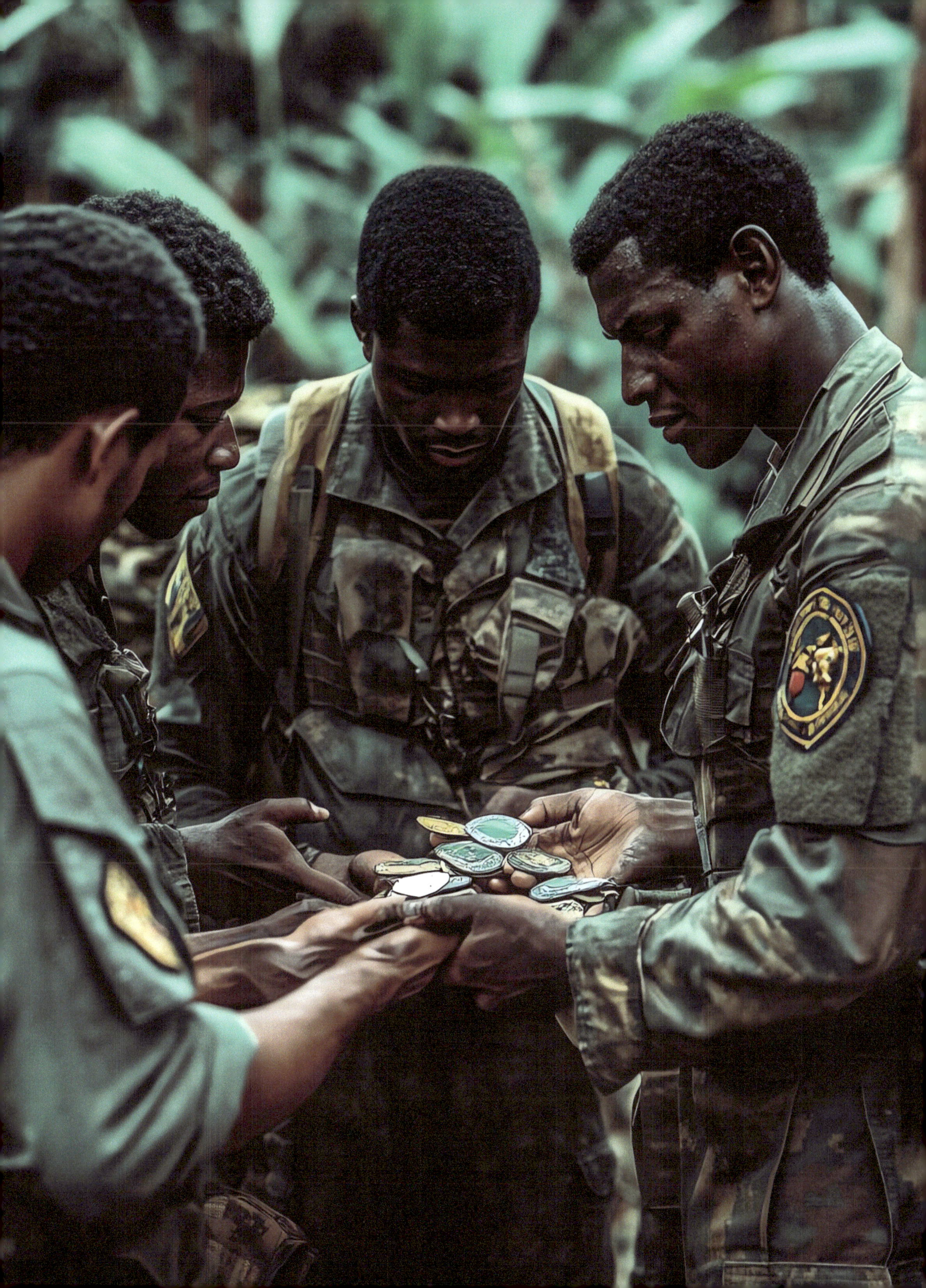

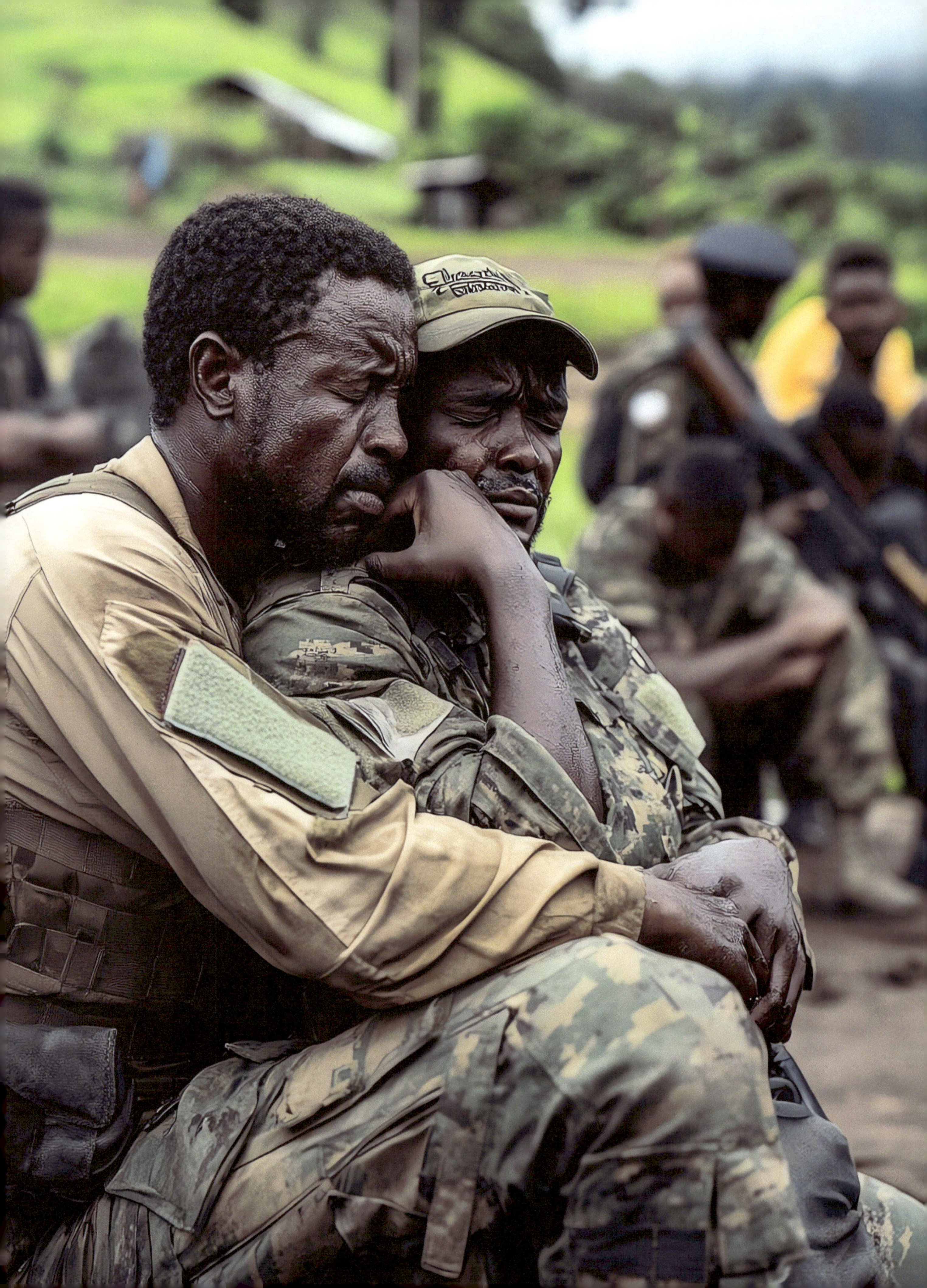

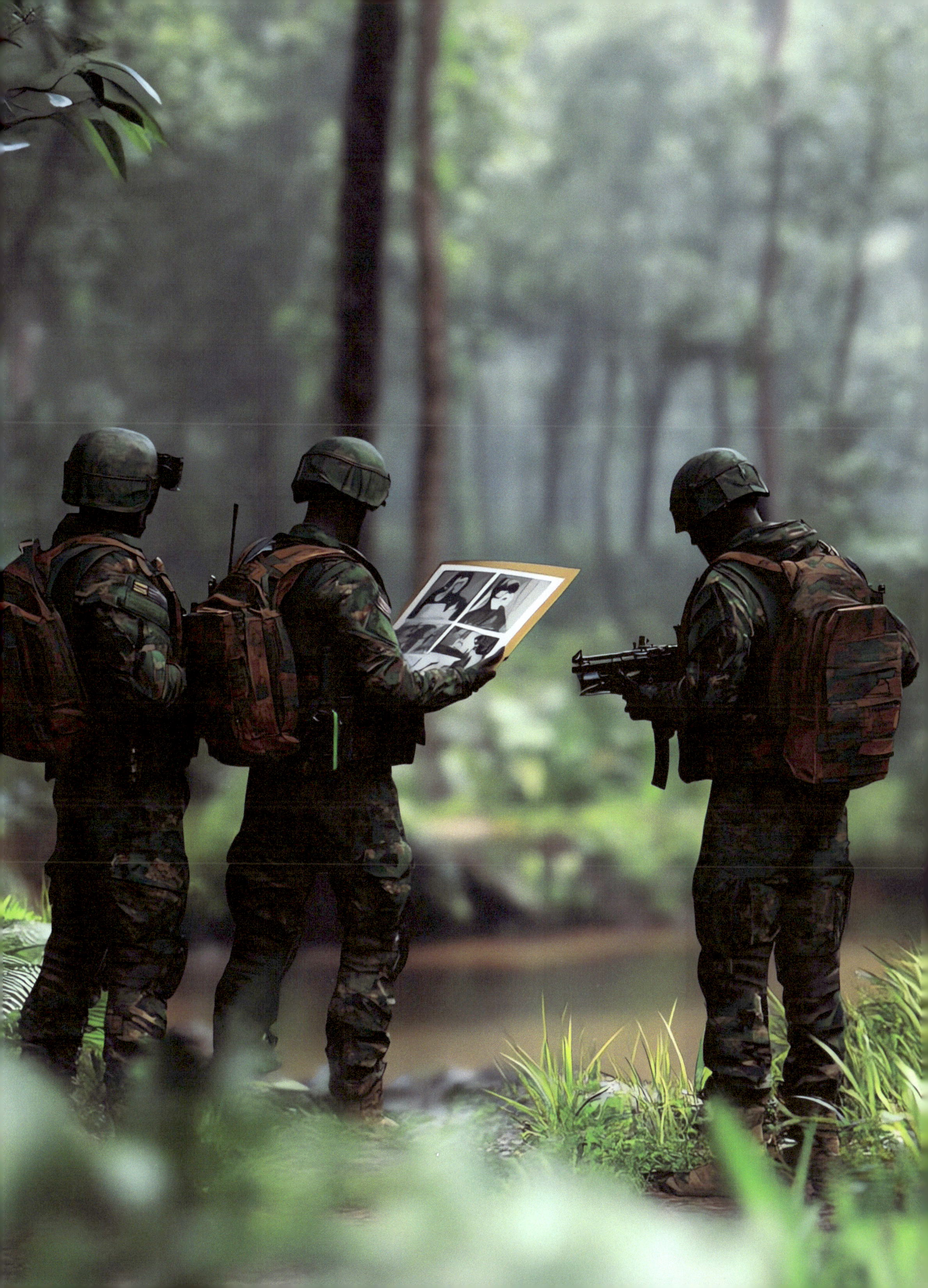

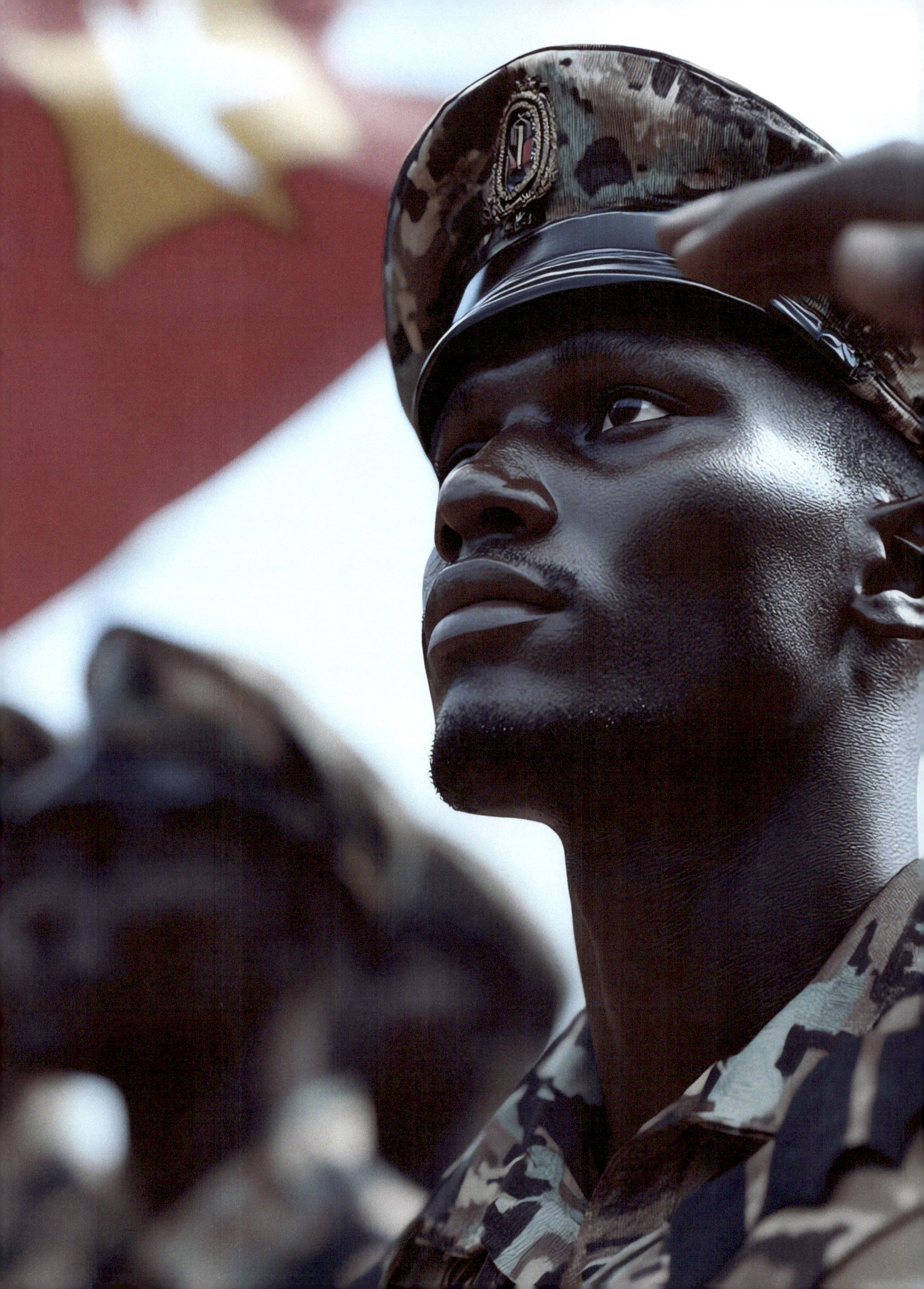

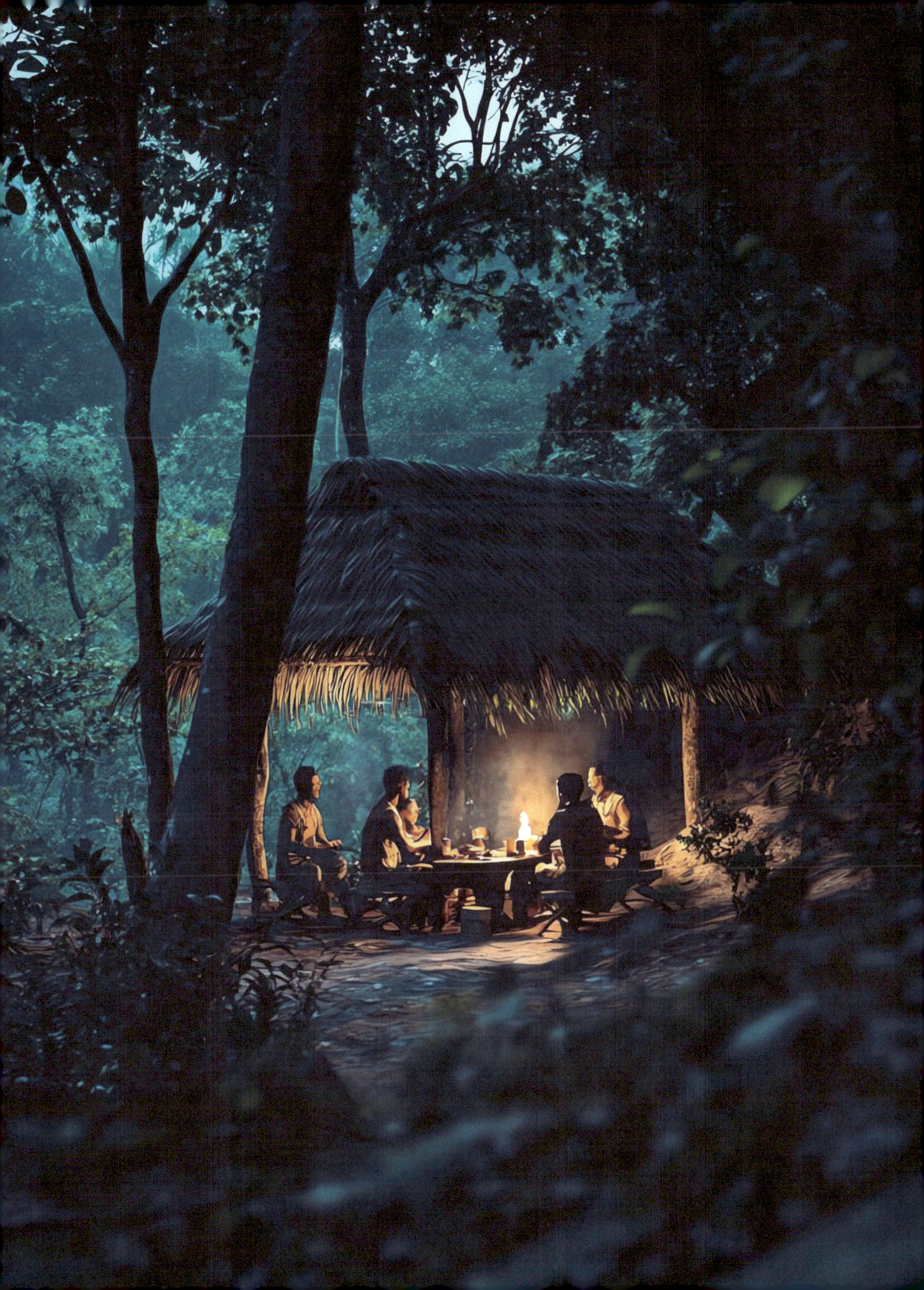

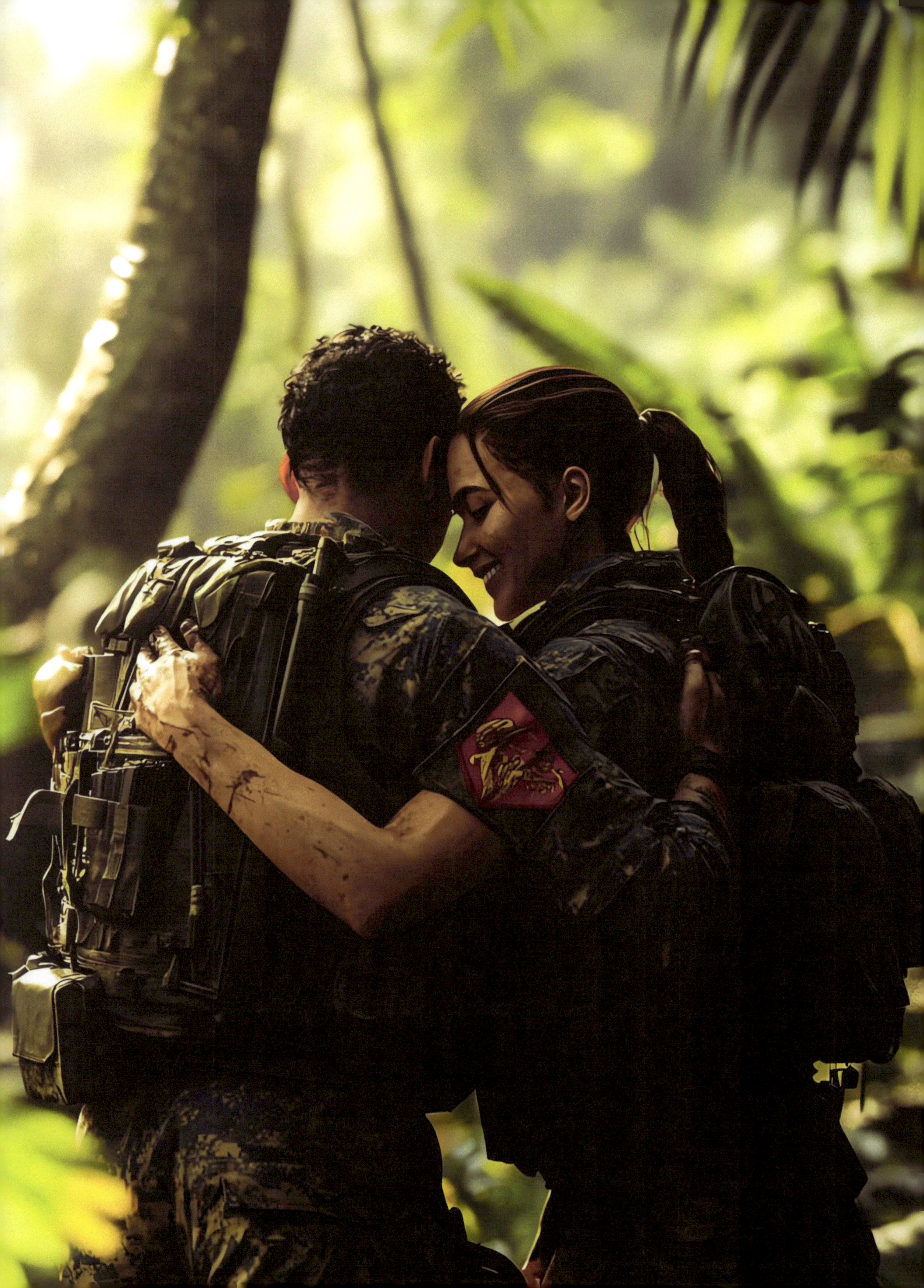

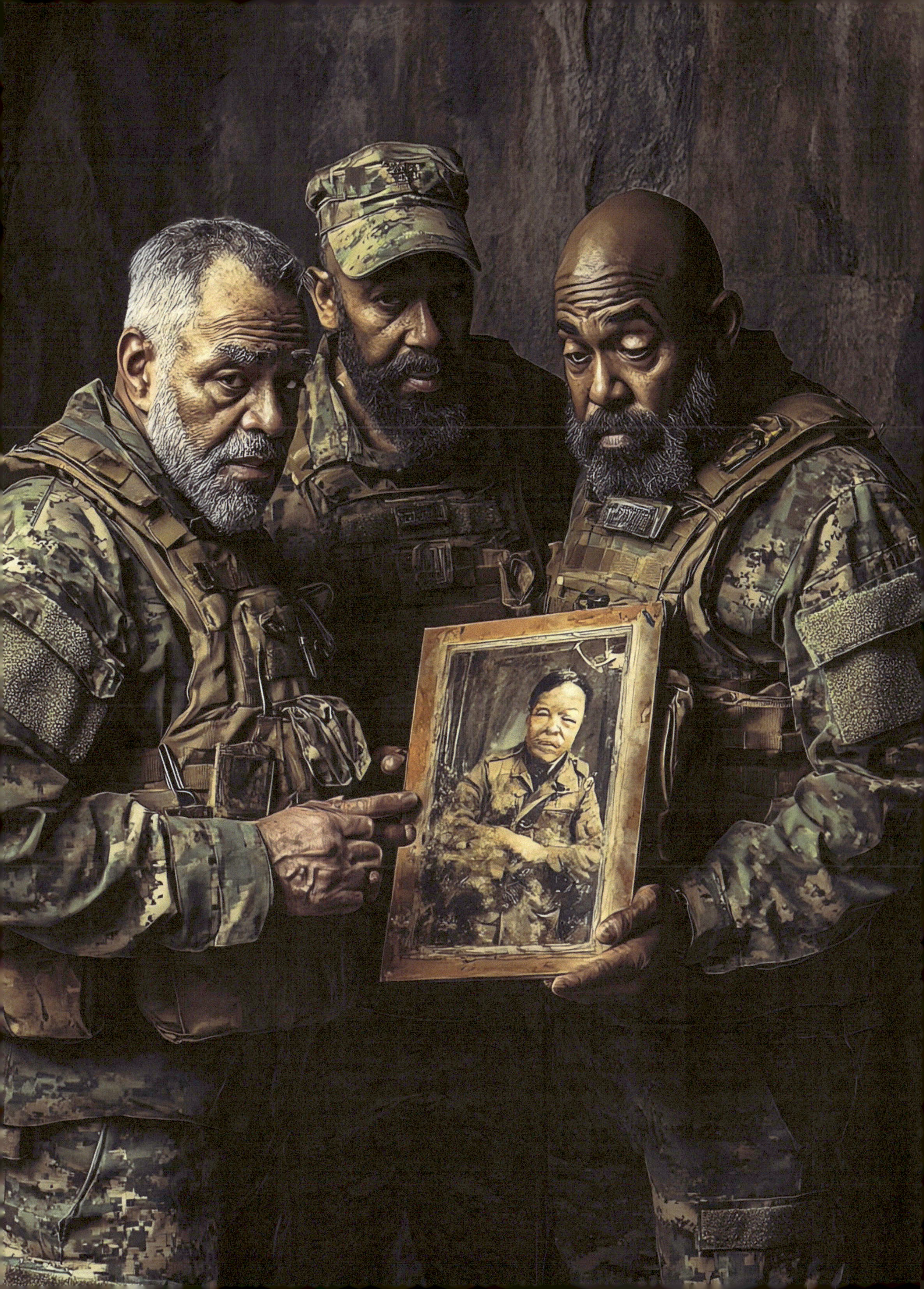

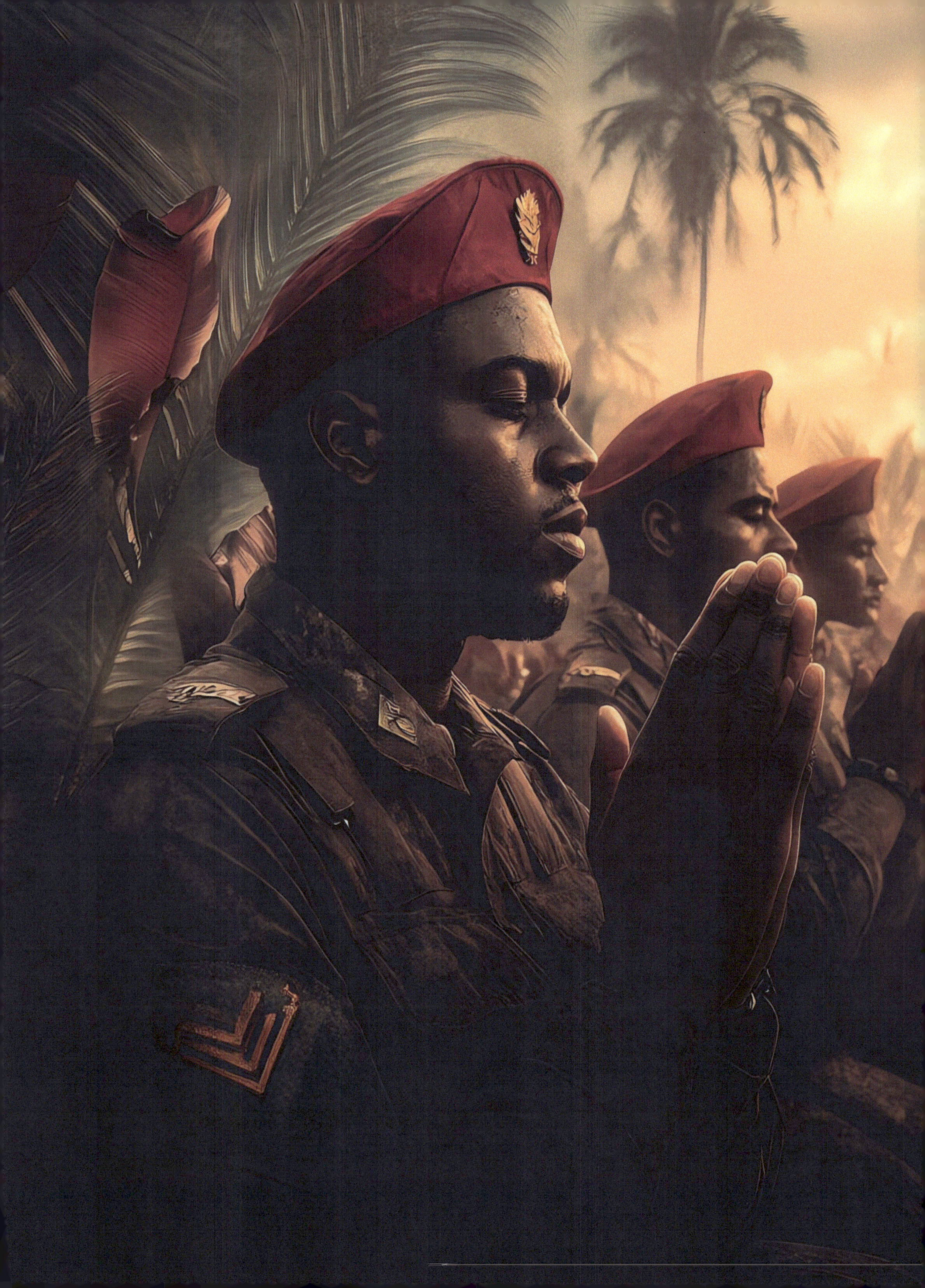

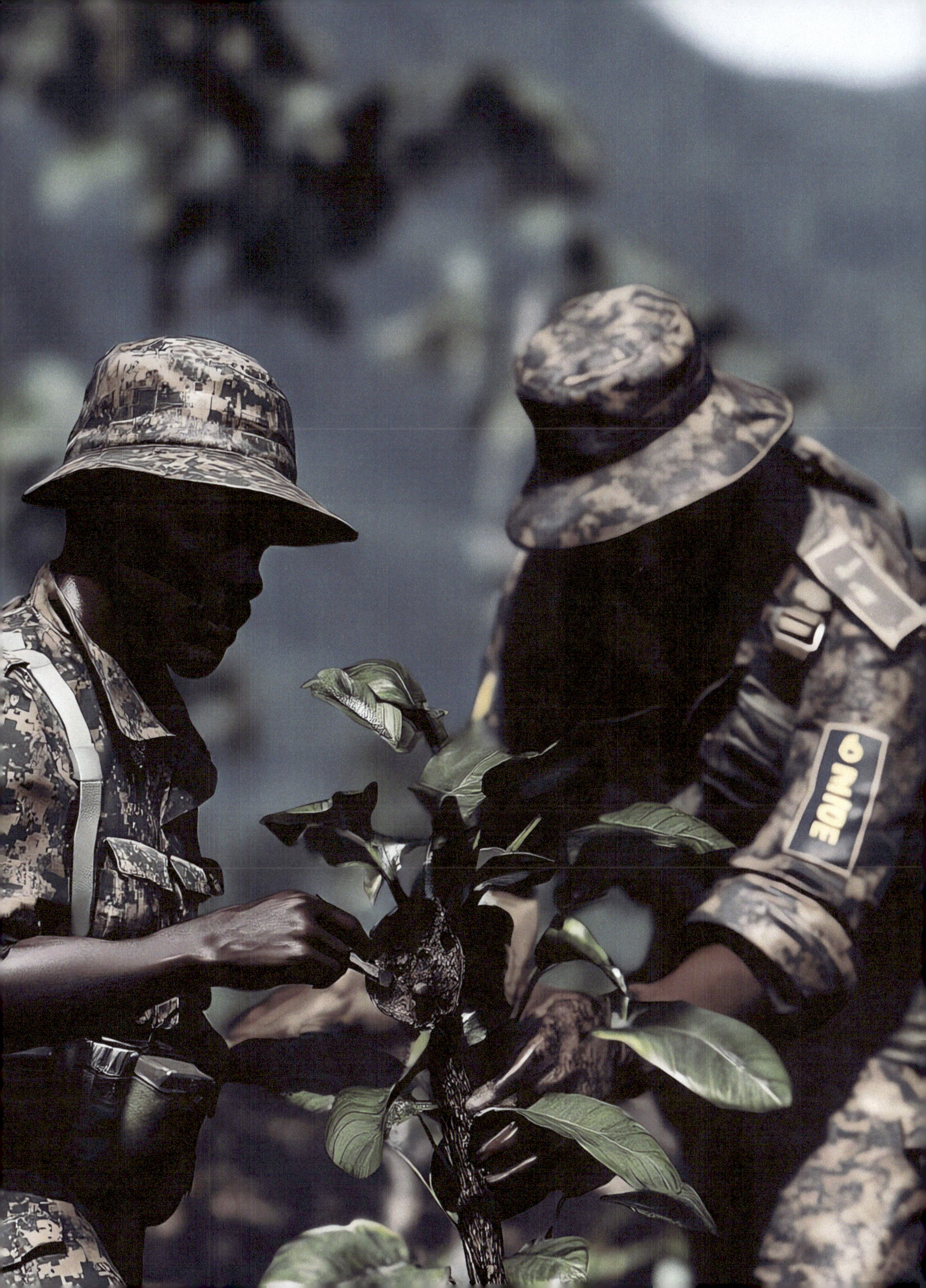
MIDE

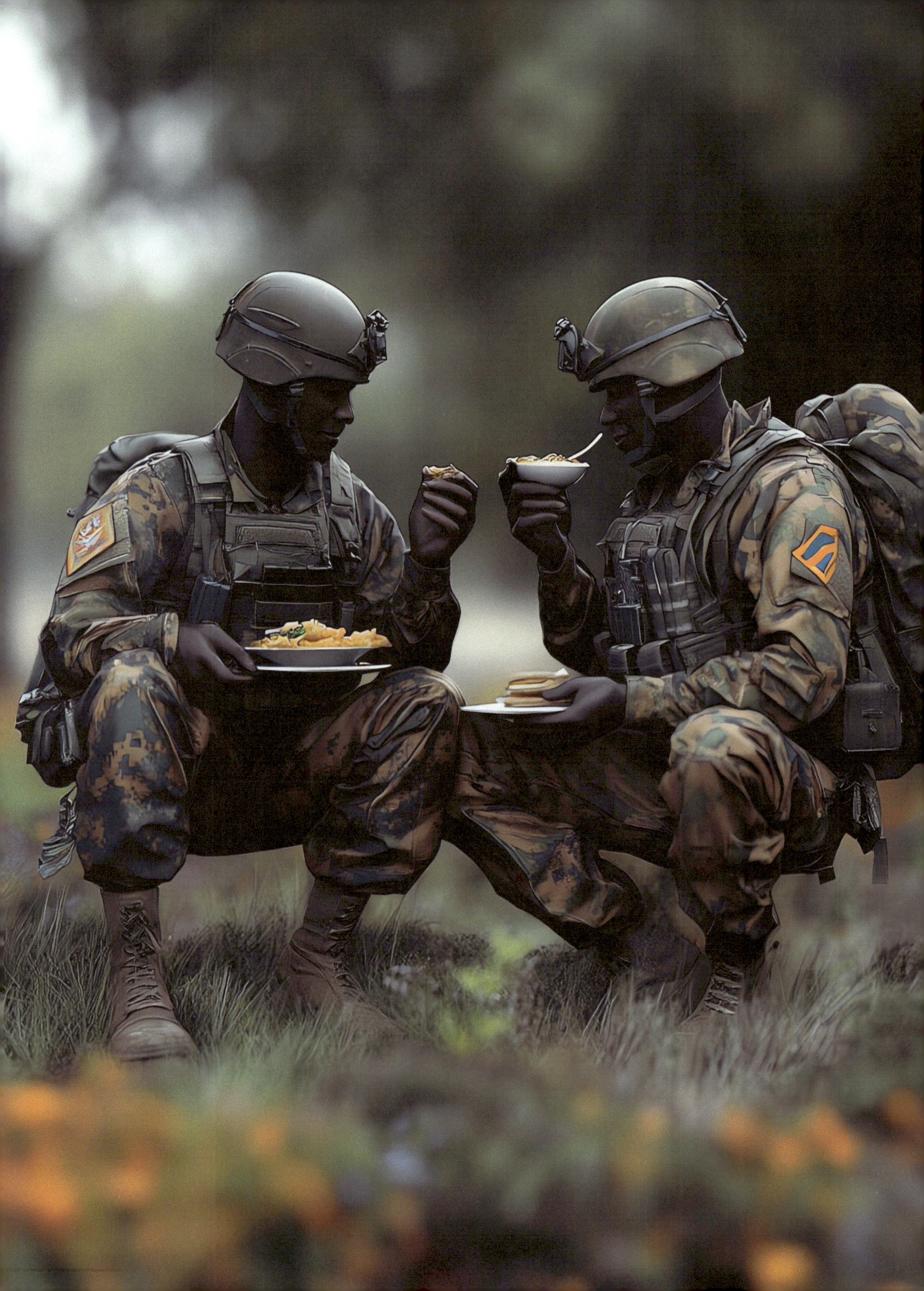

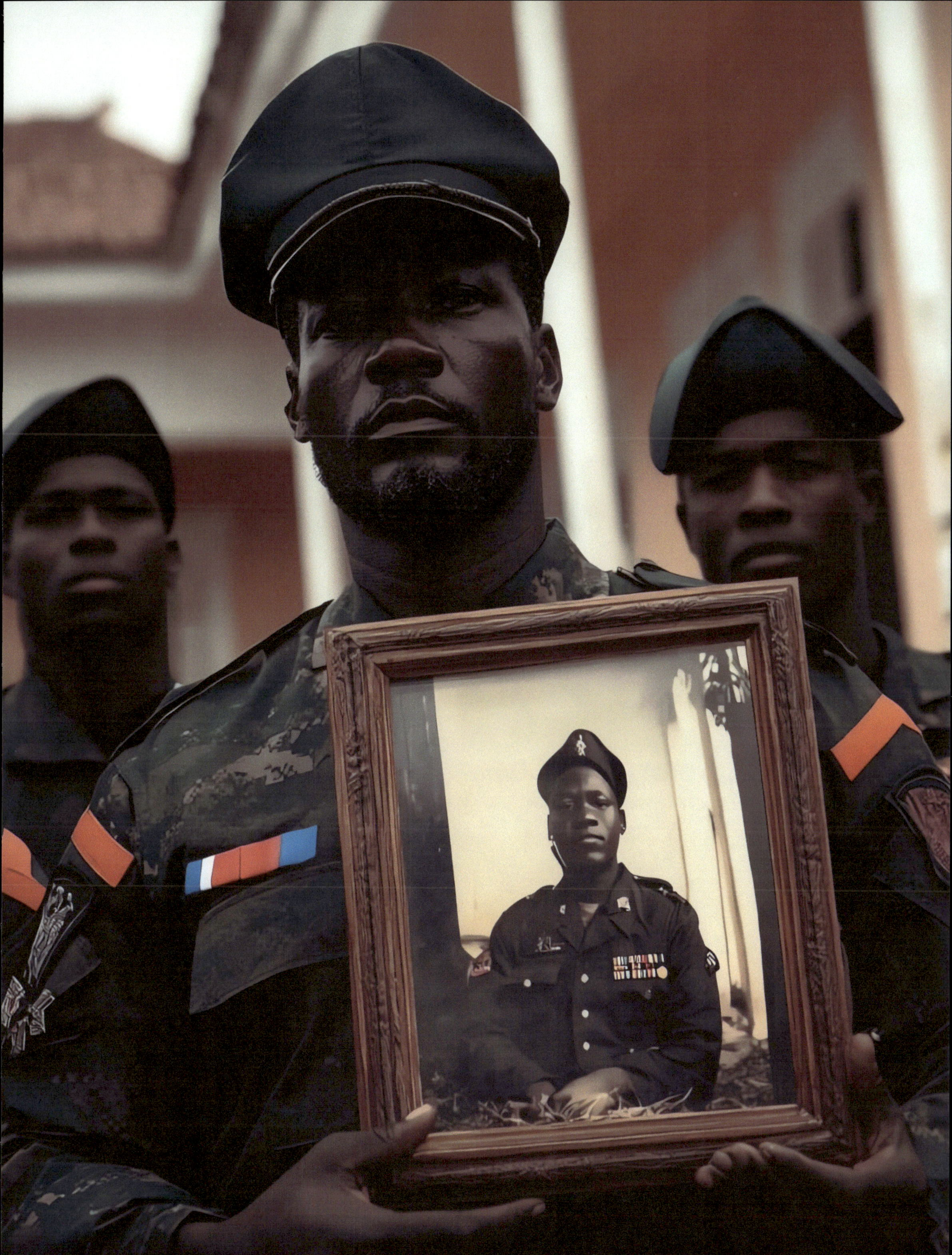

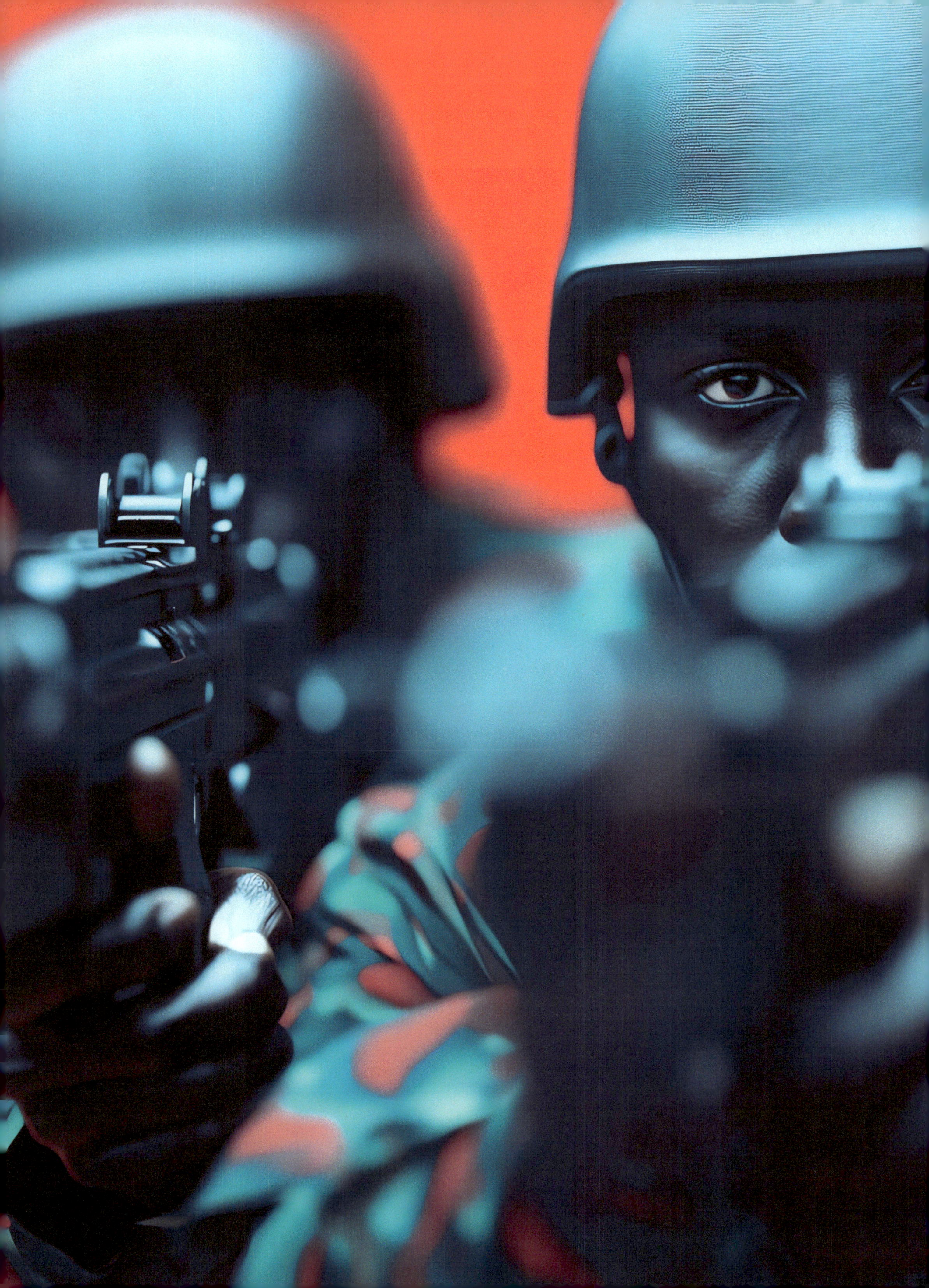

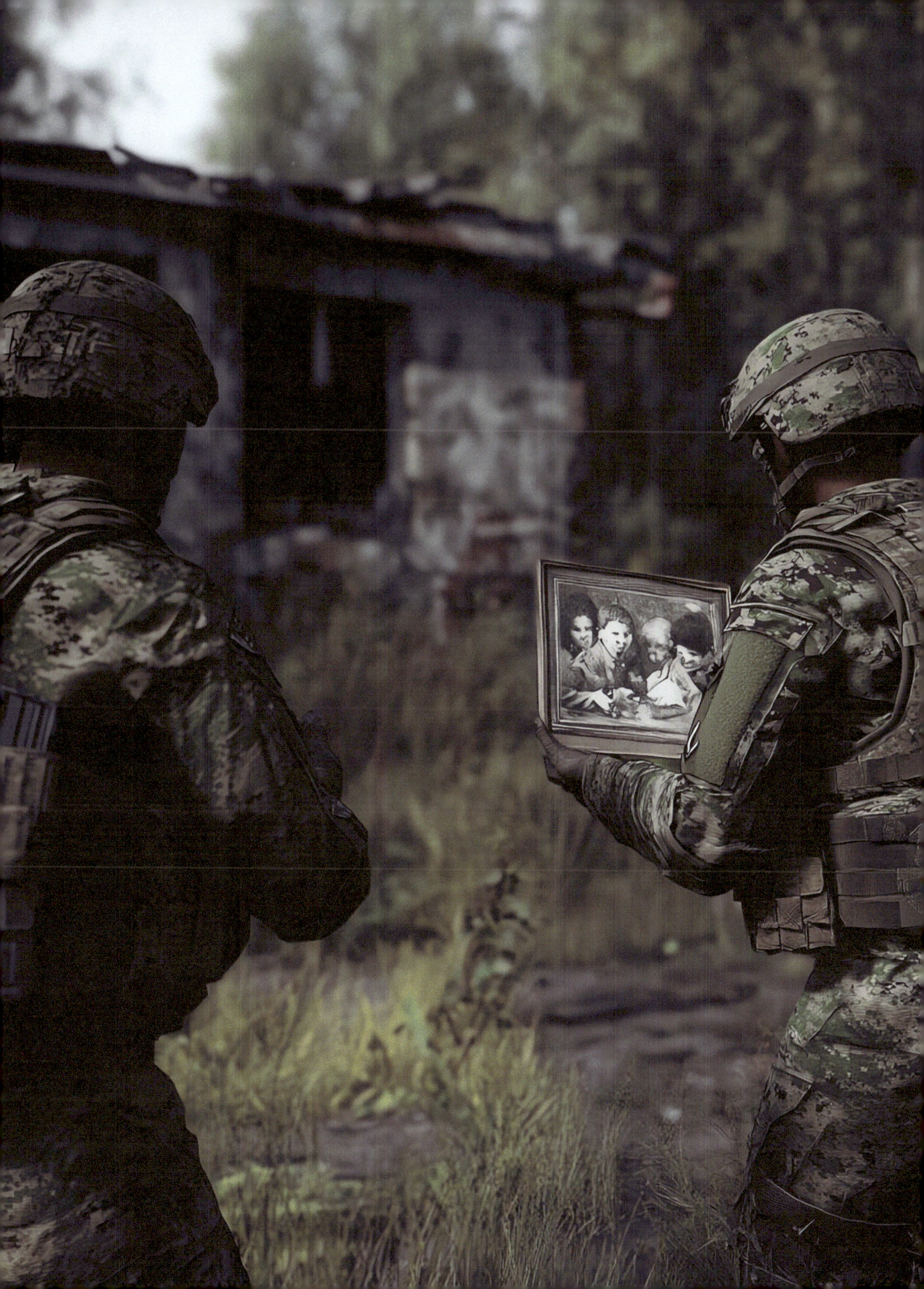

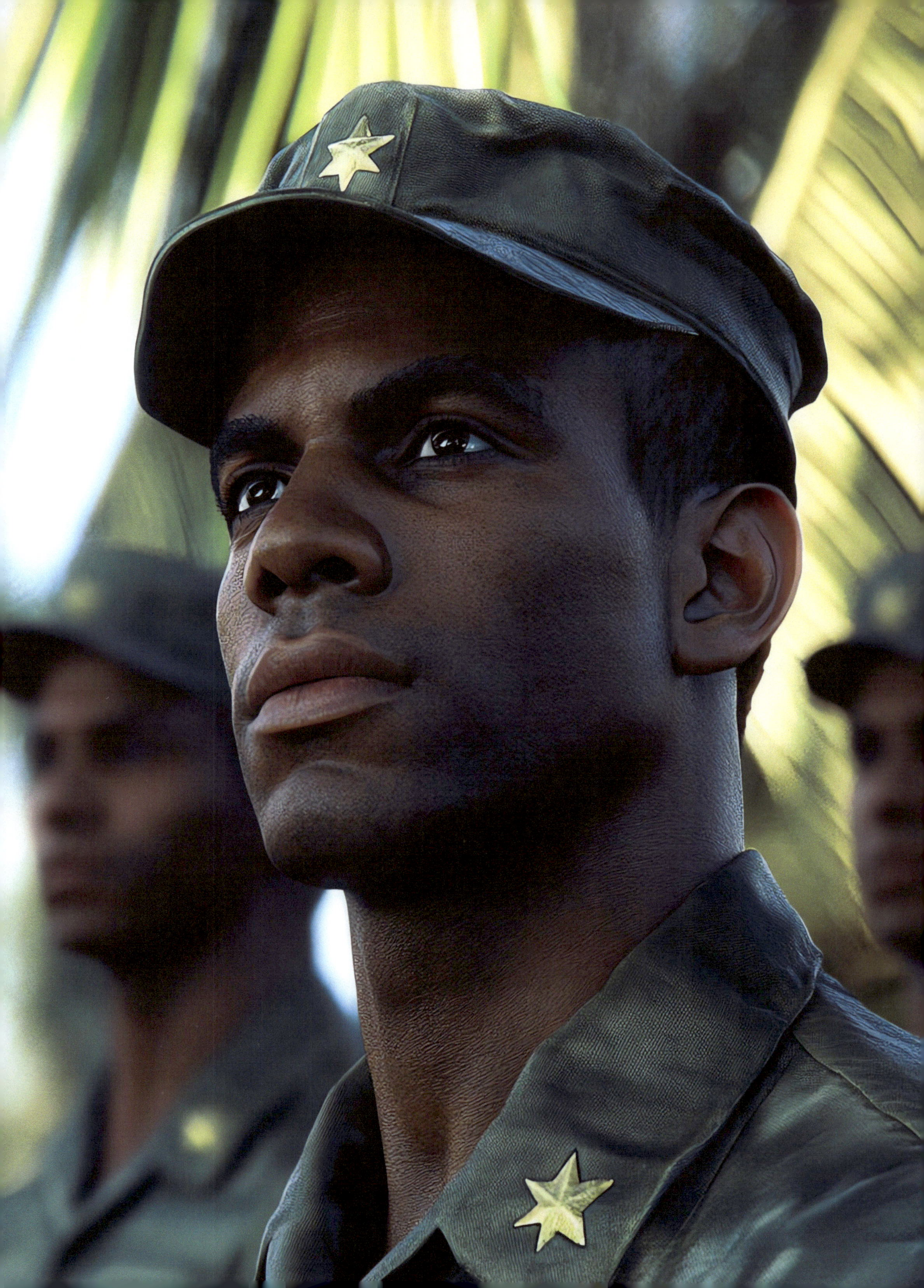

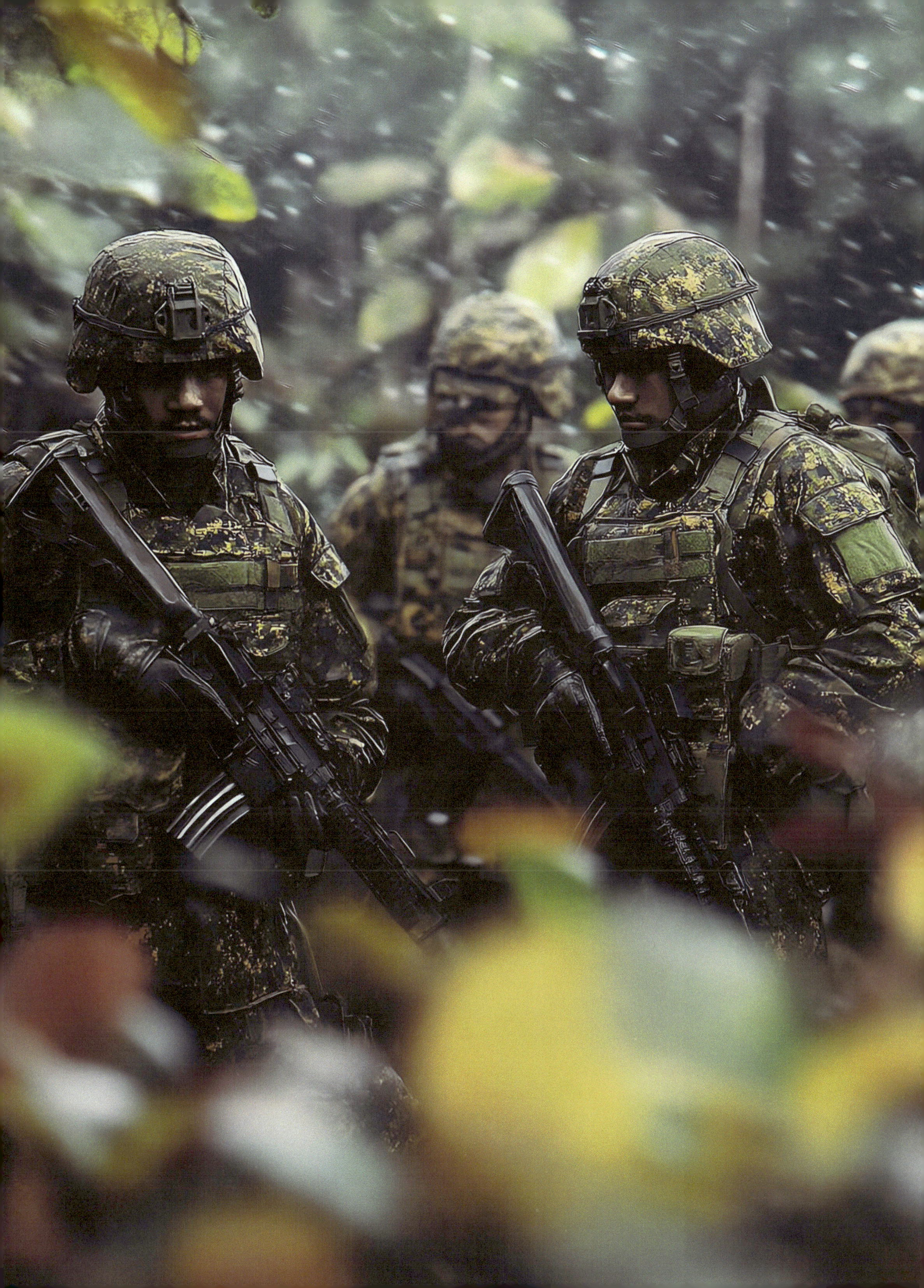

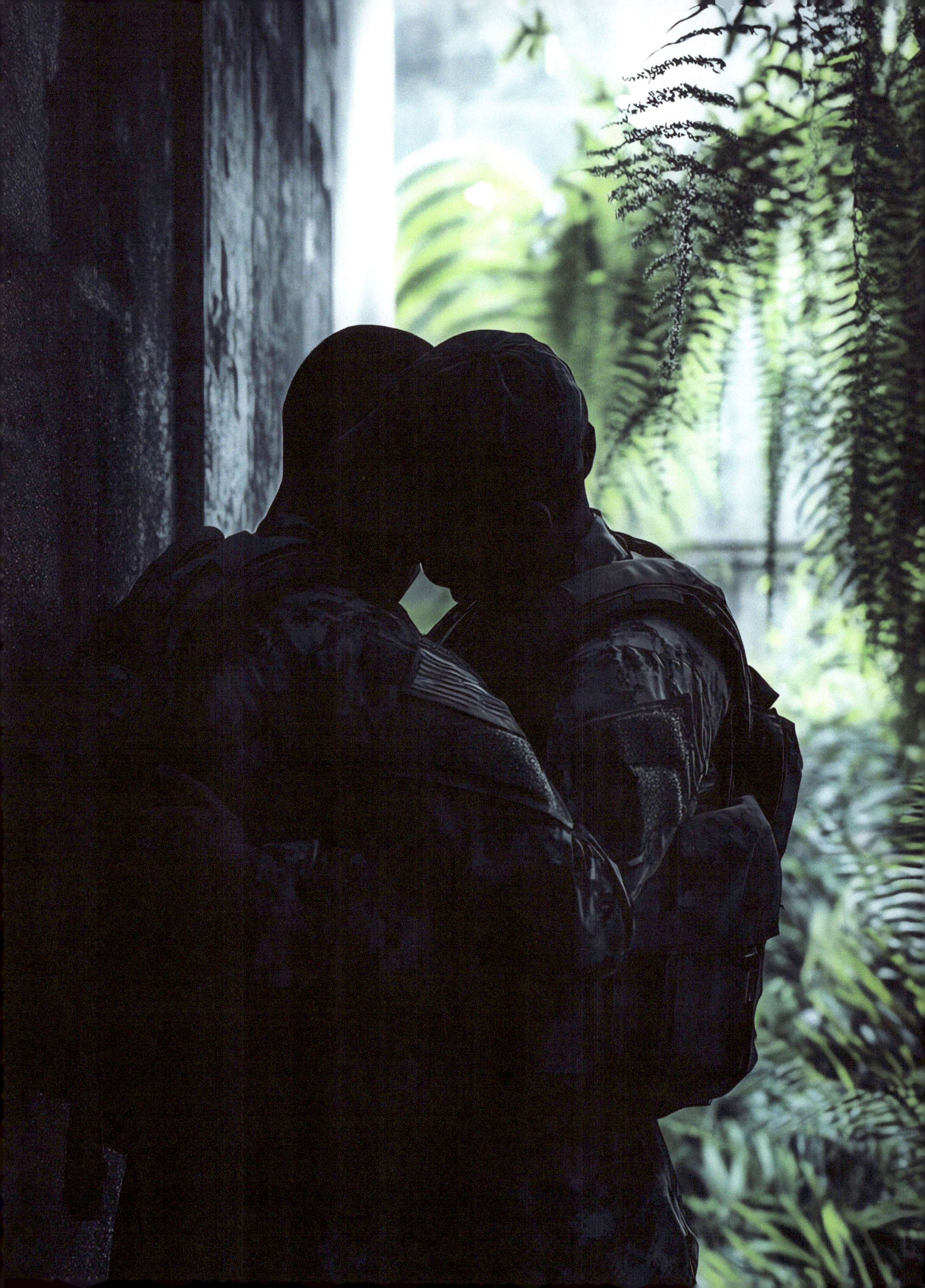

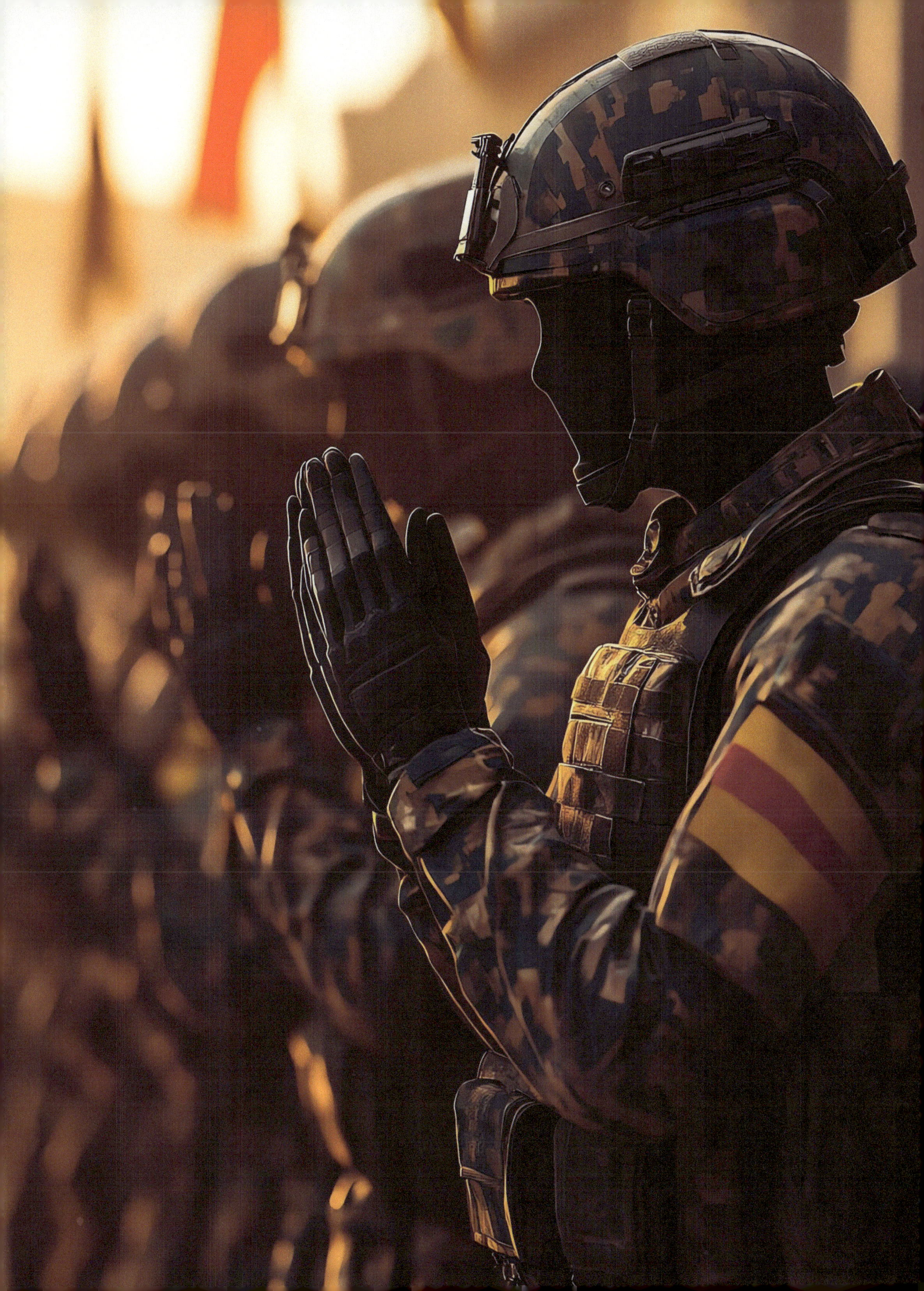

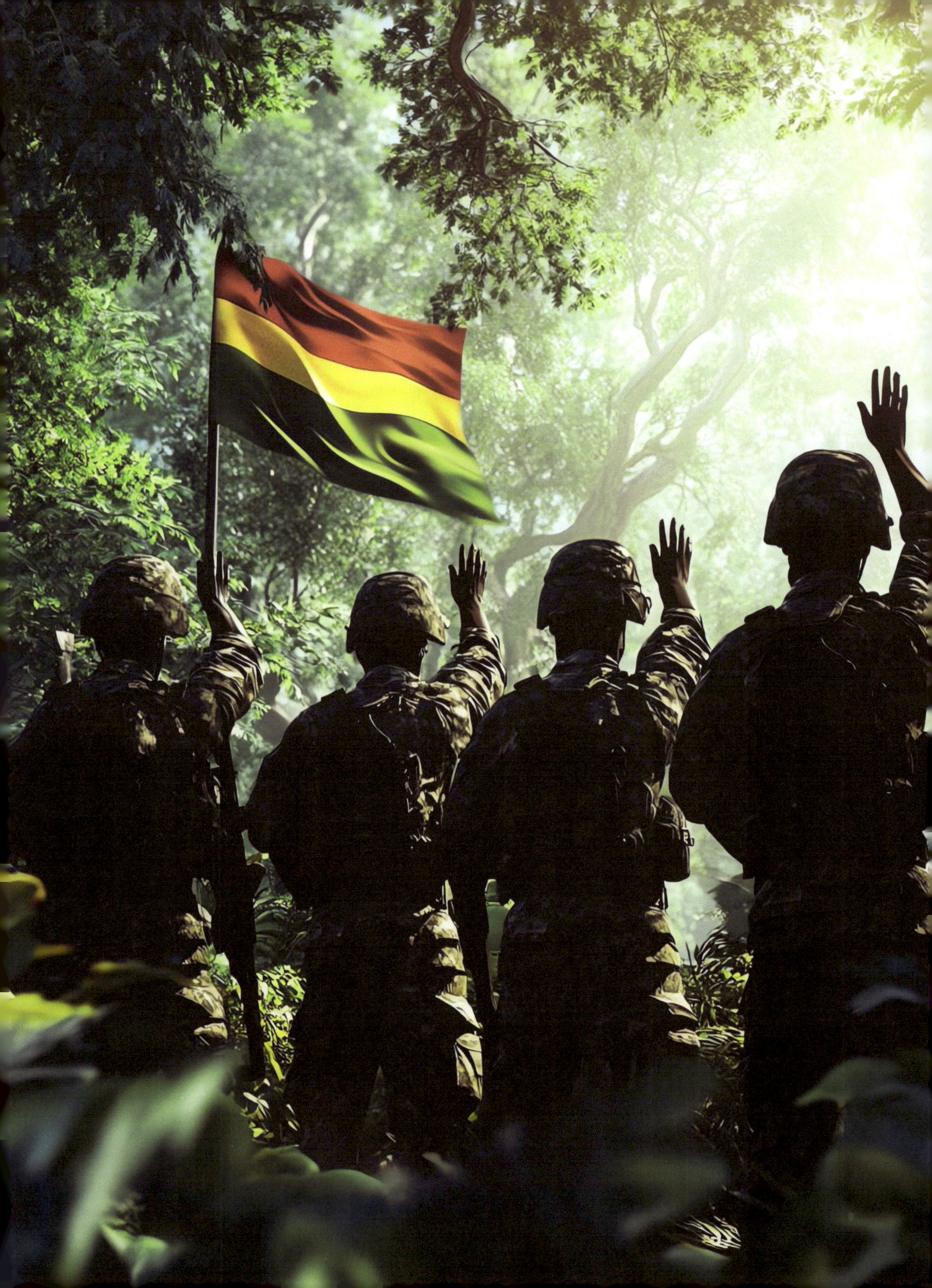

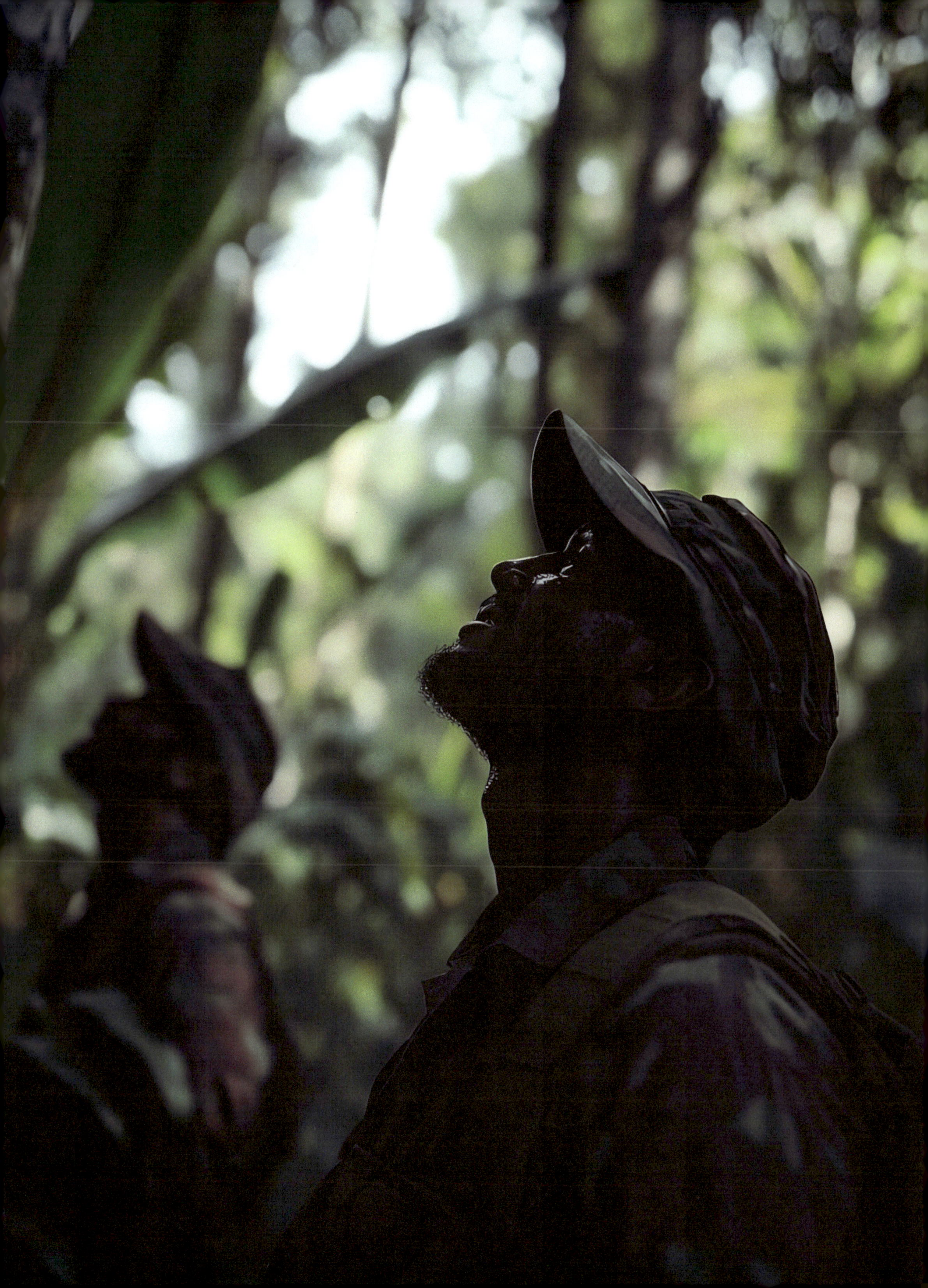

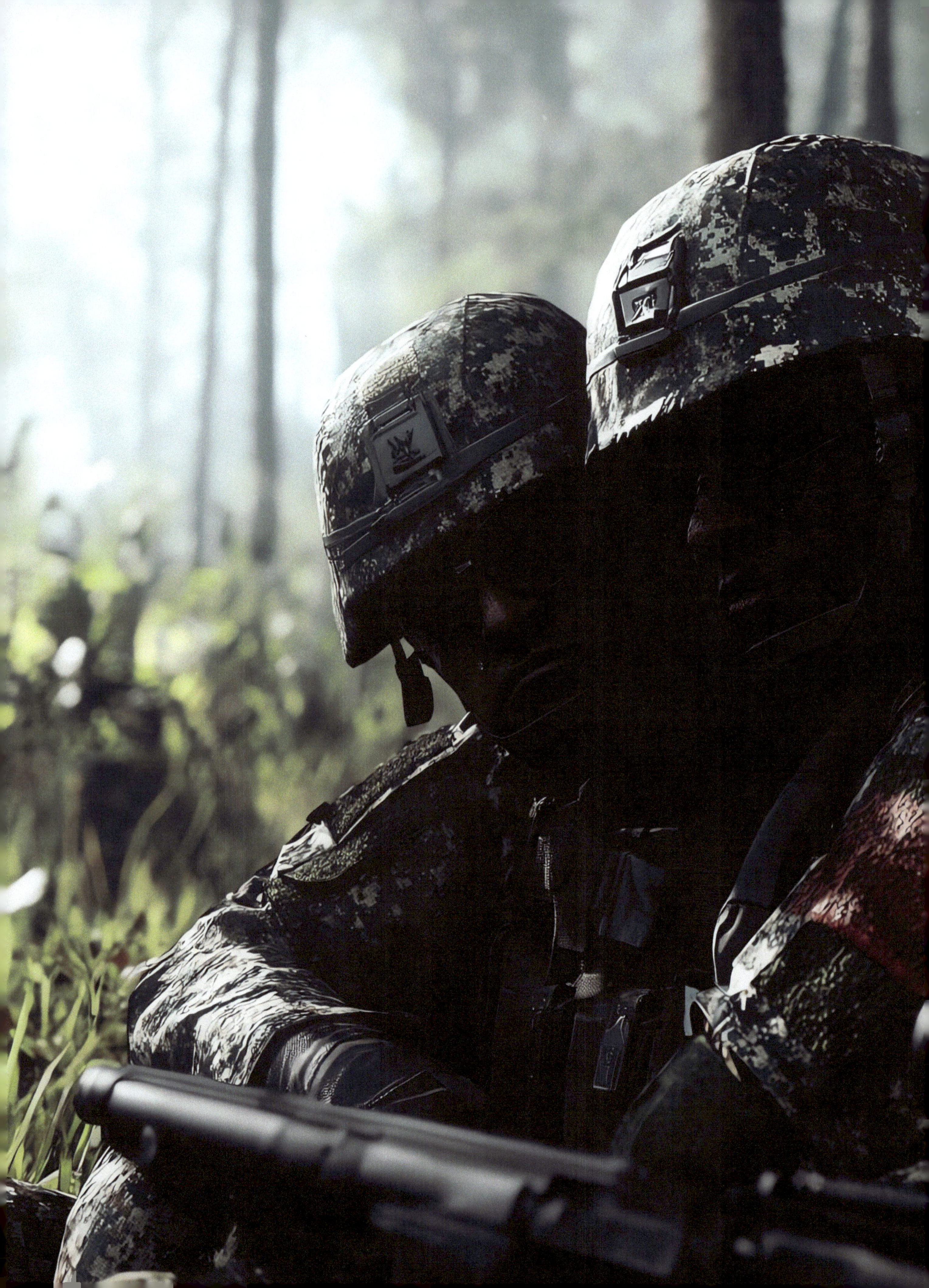

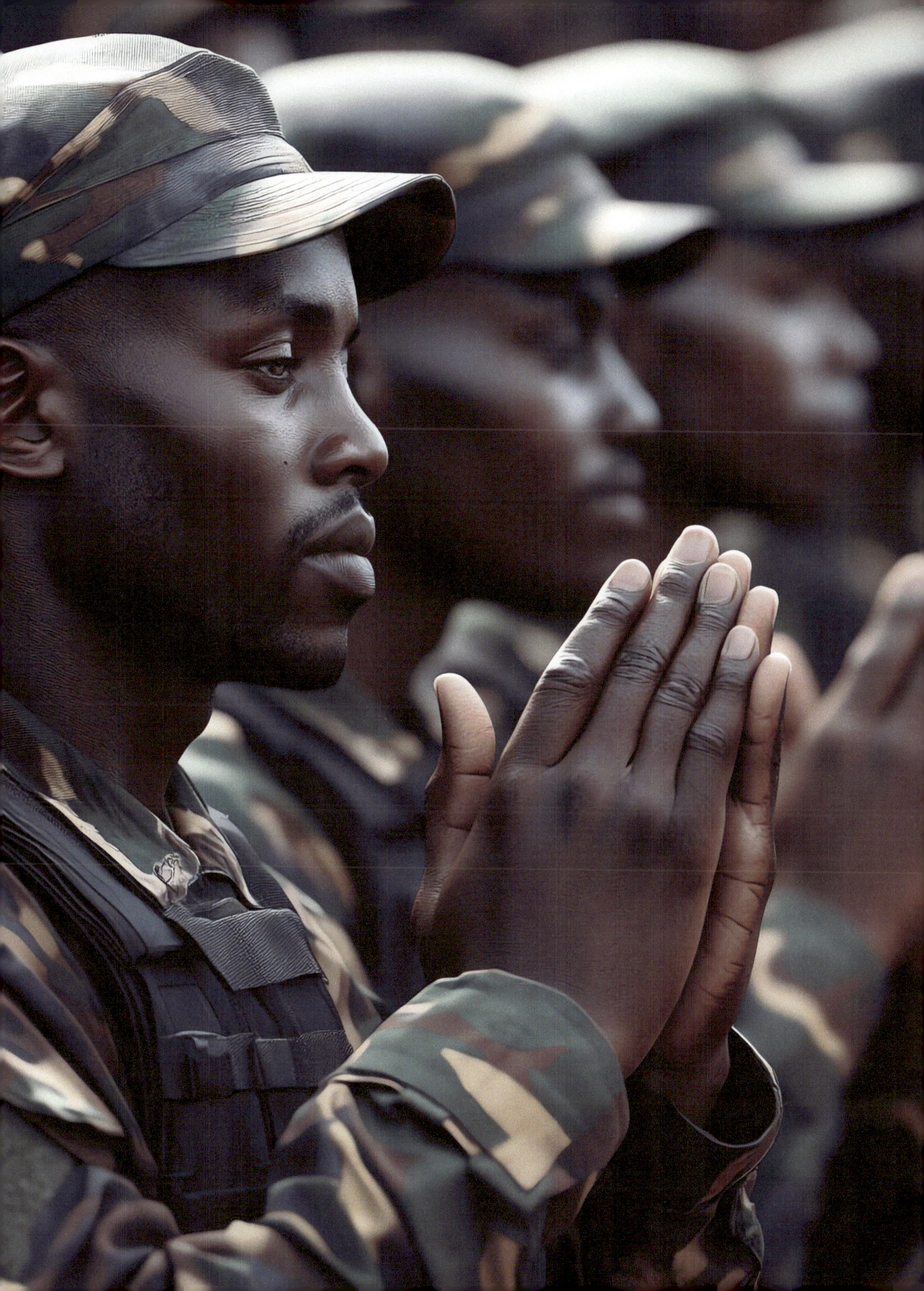

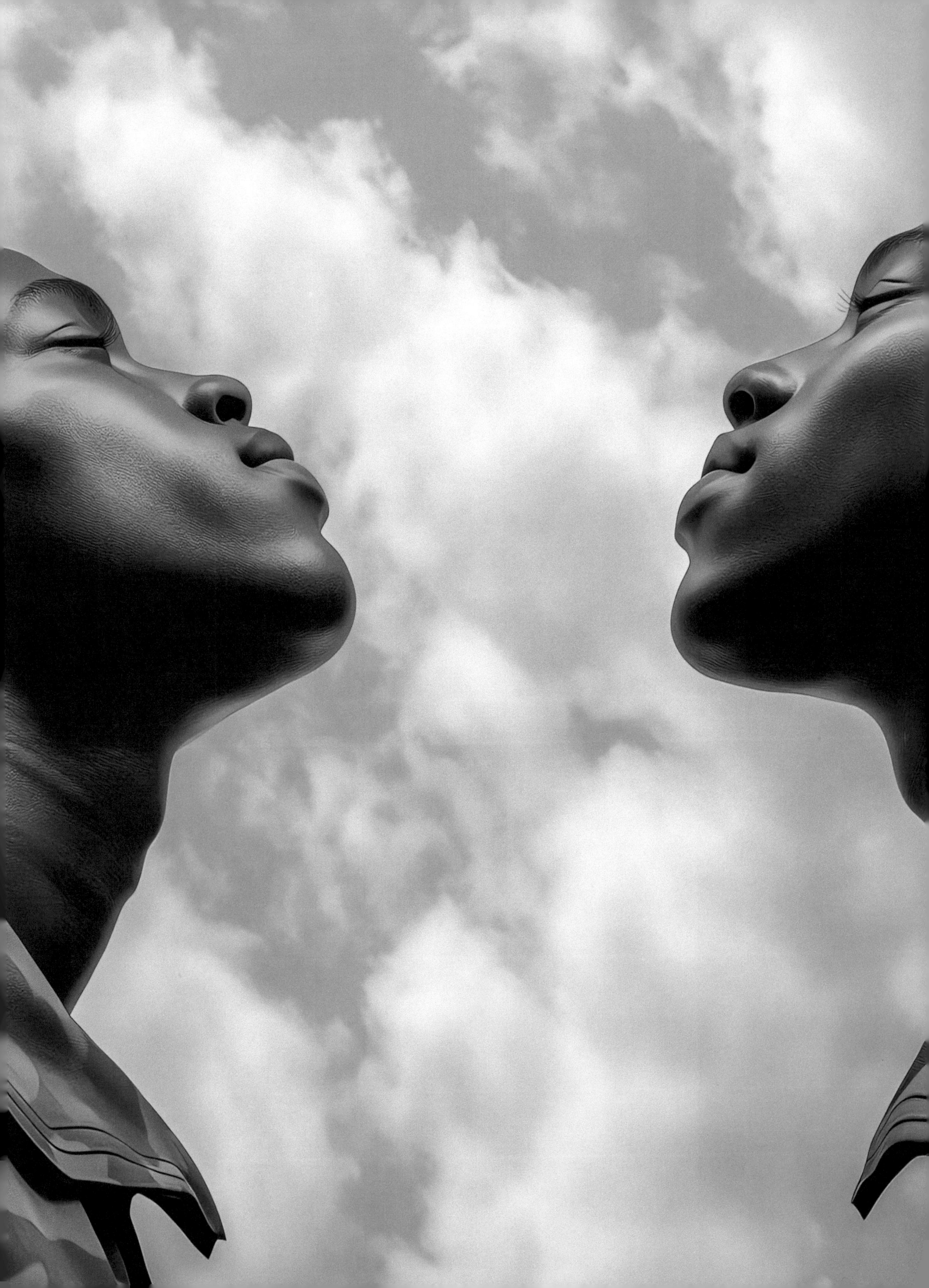

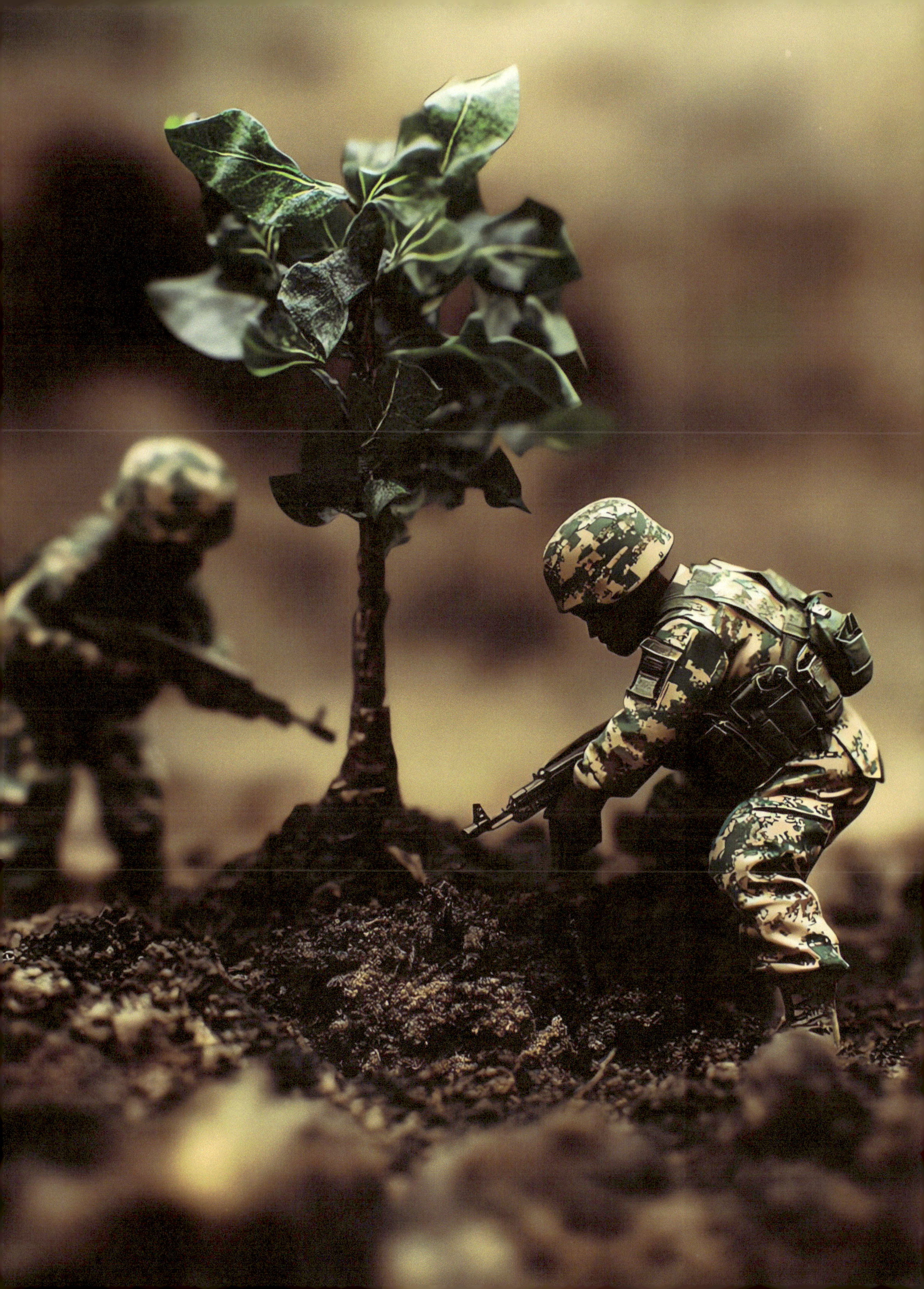

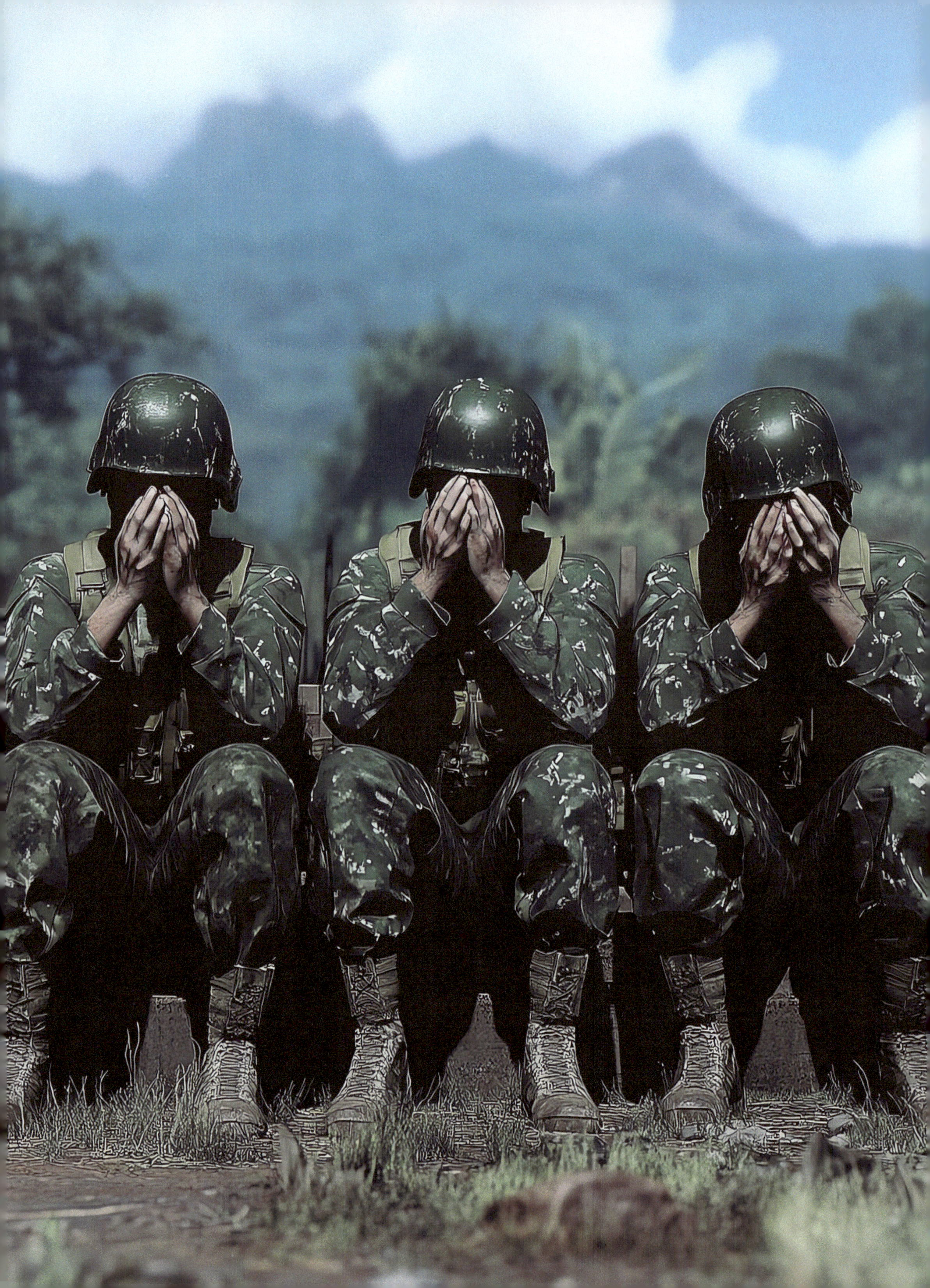

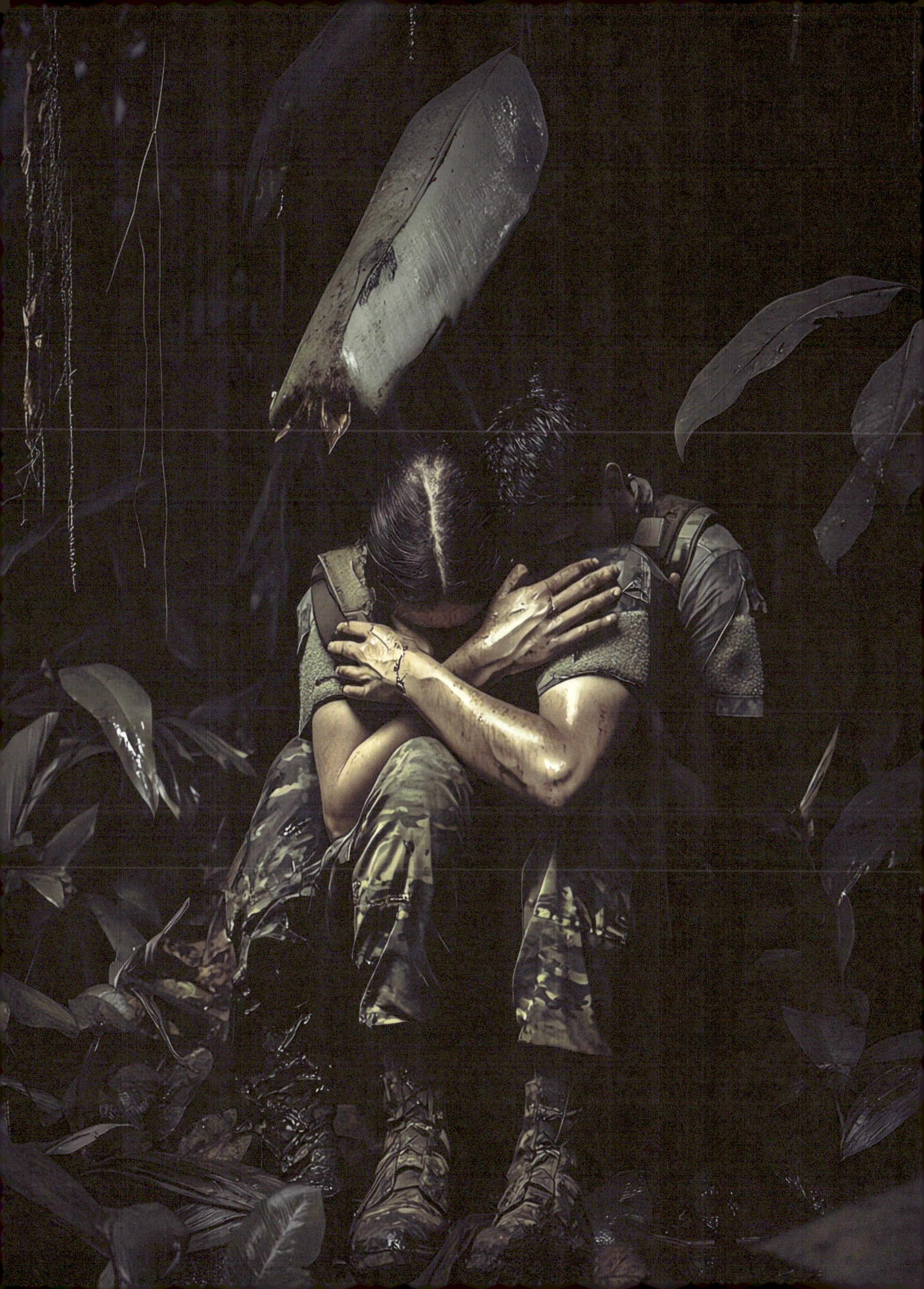

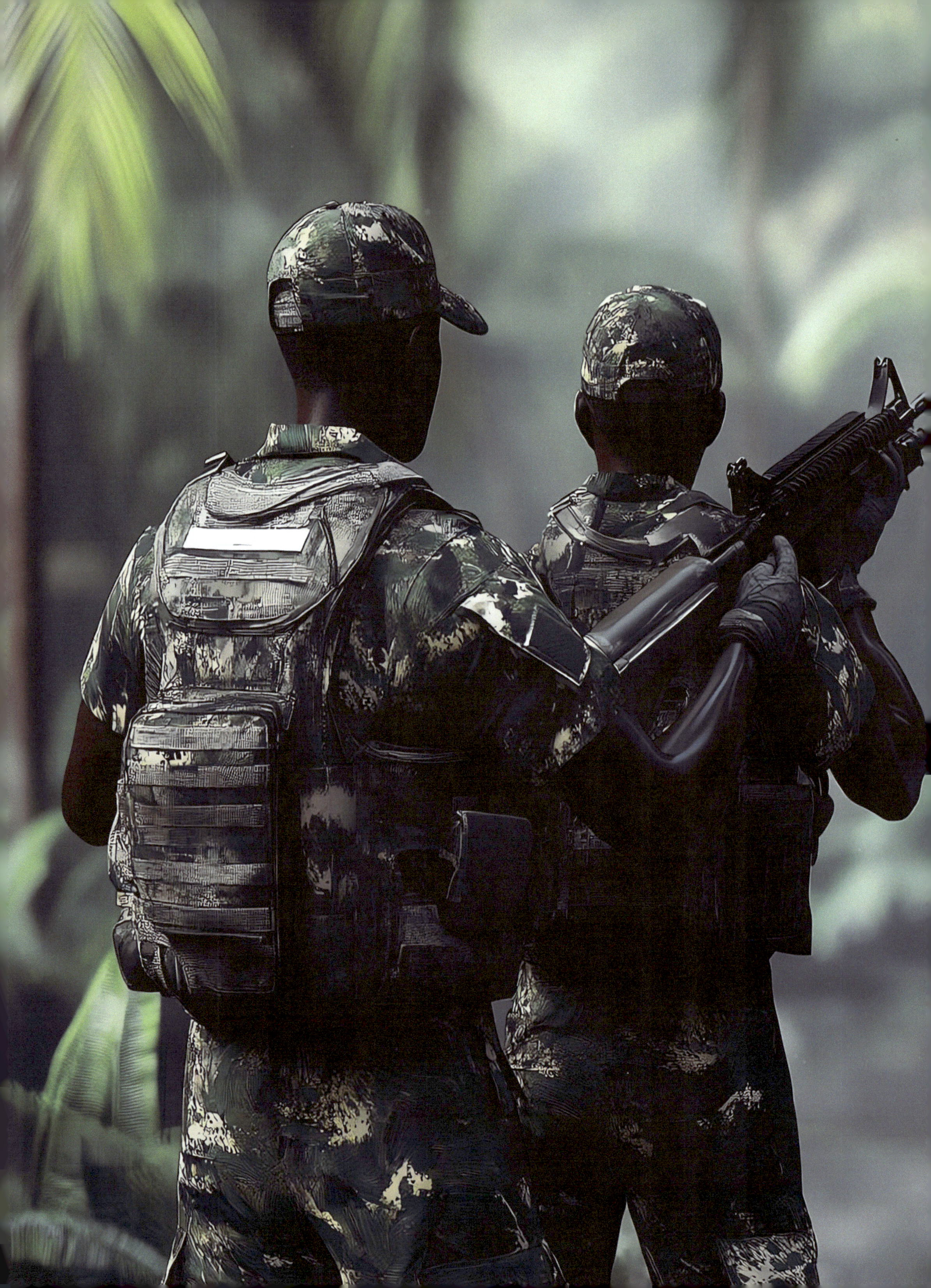

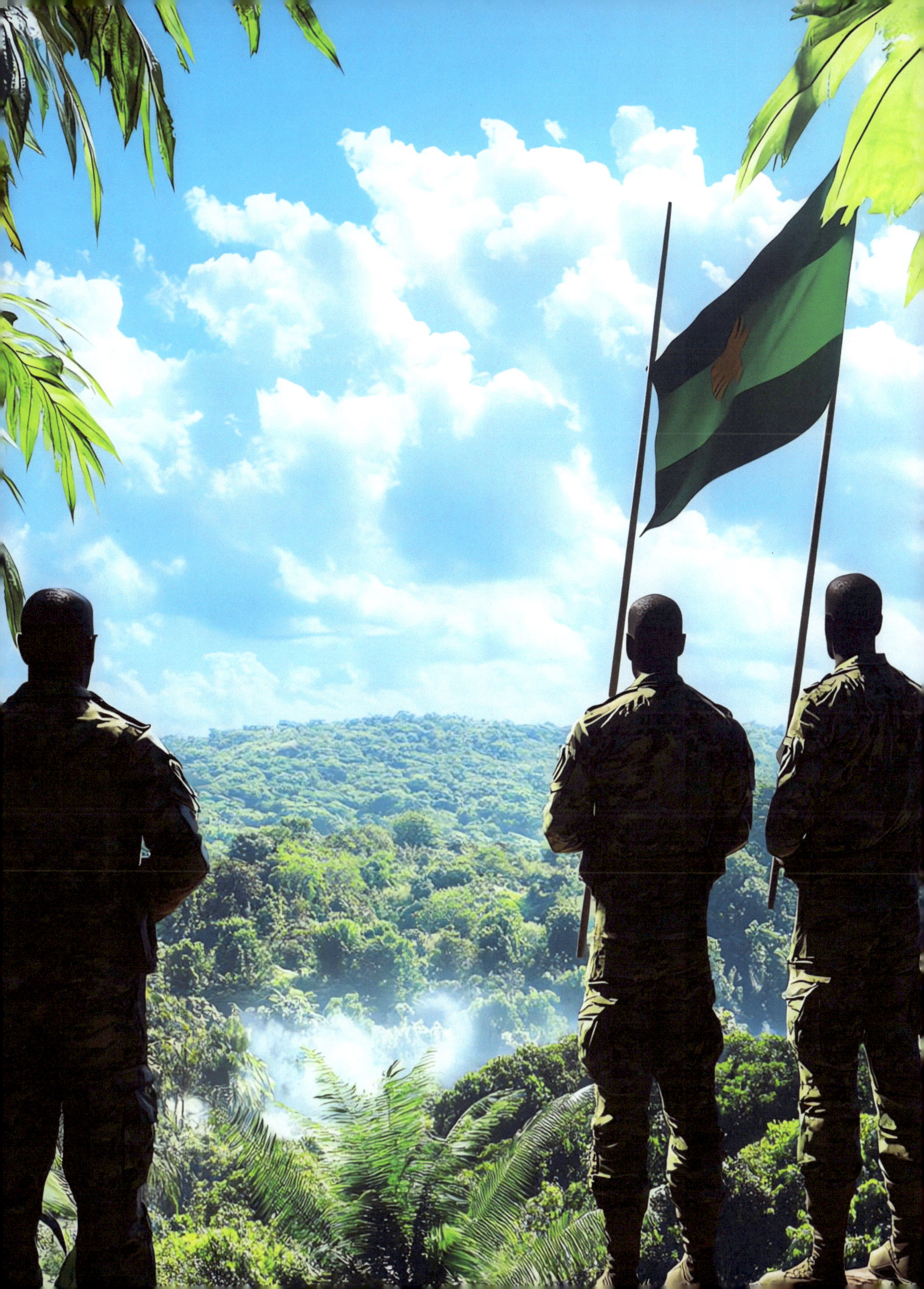

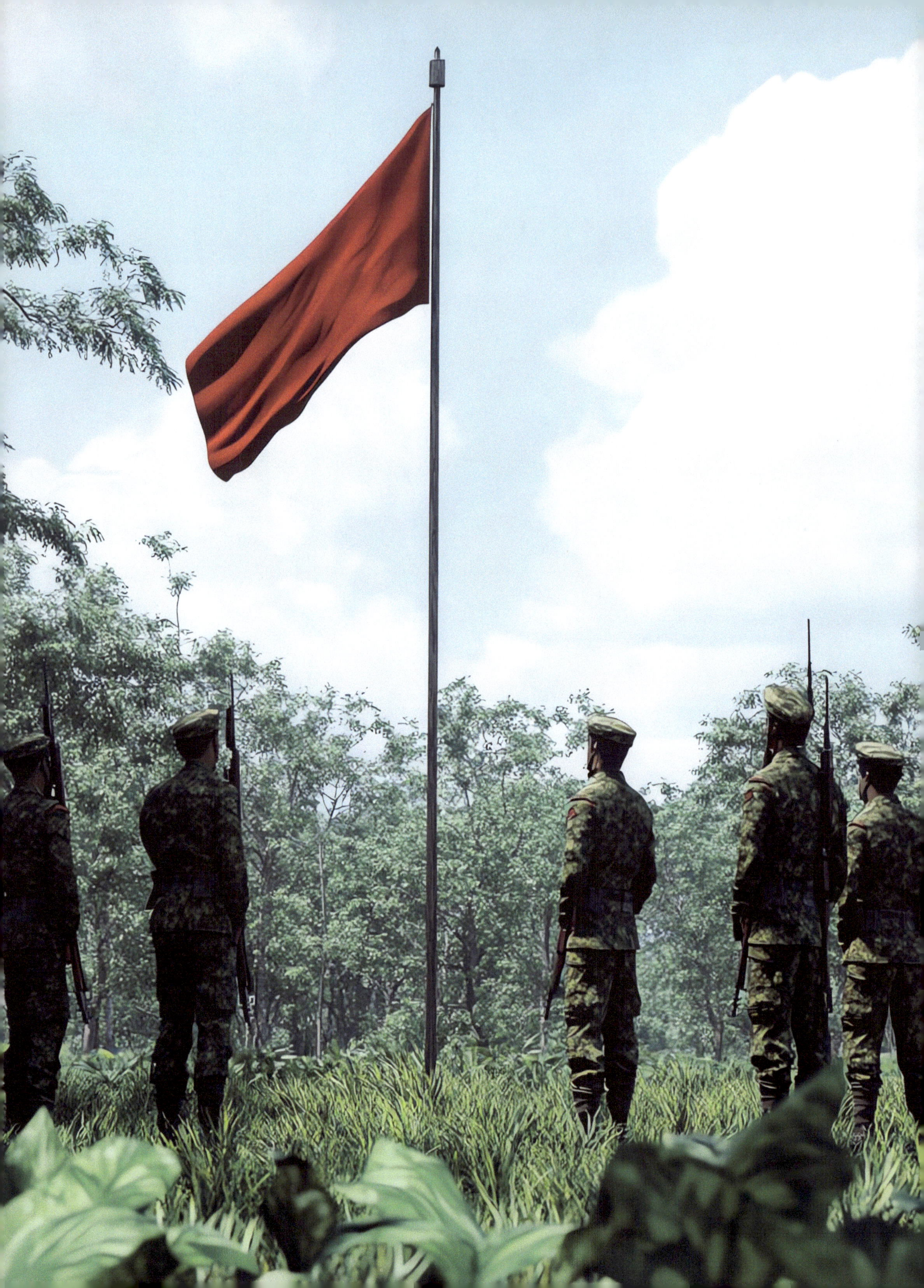

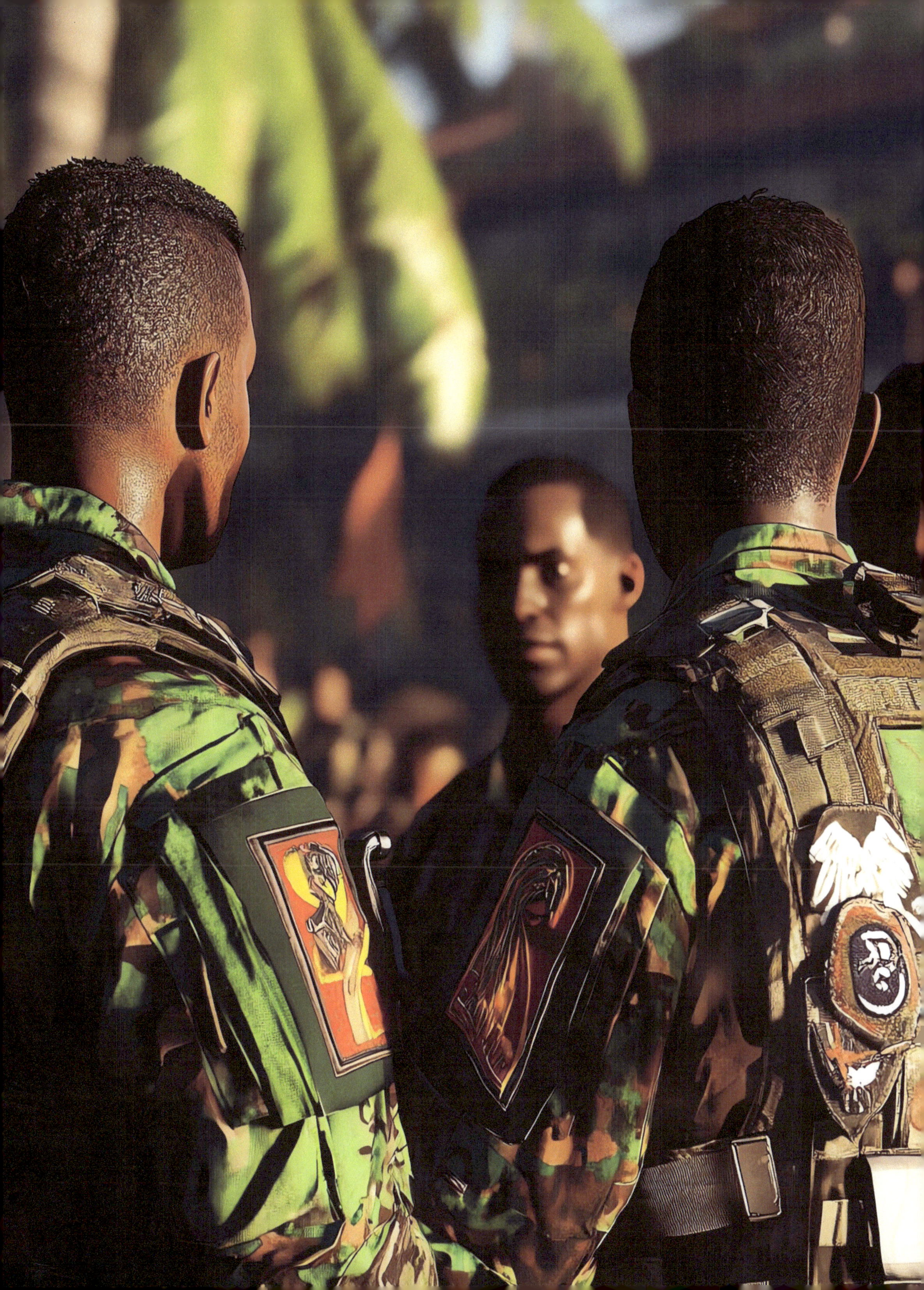

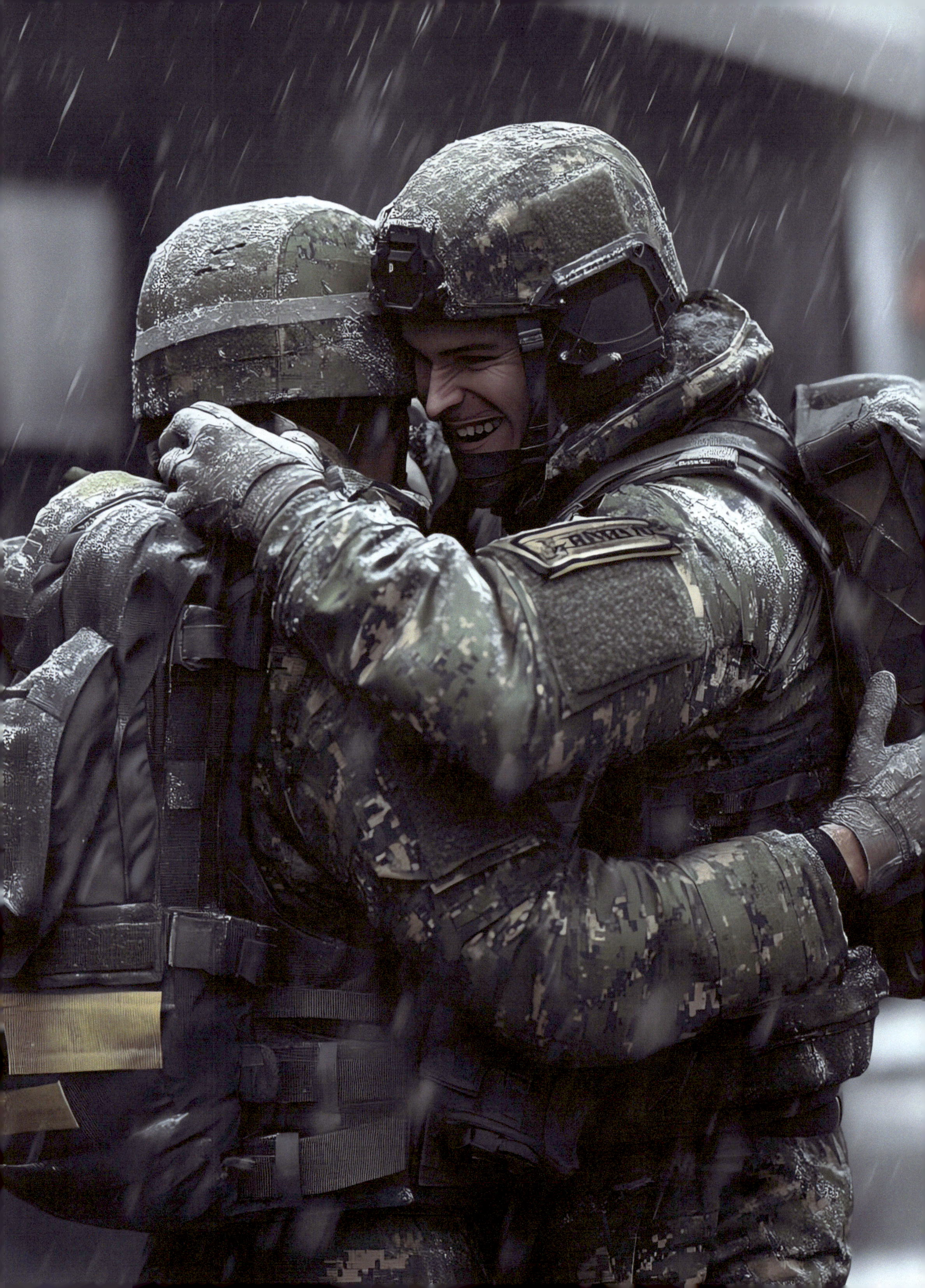

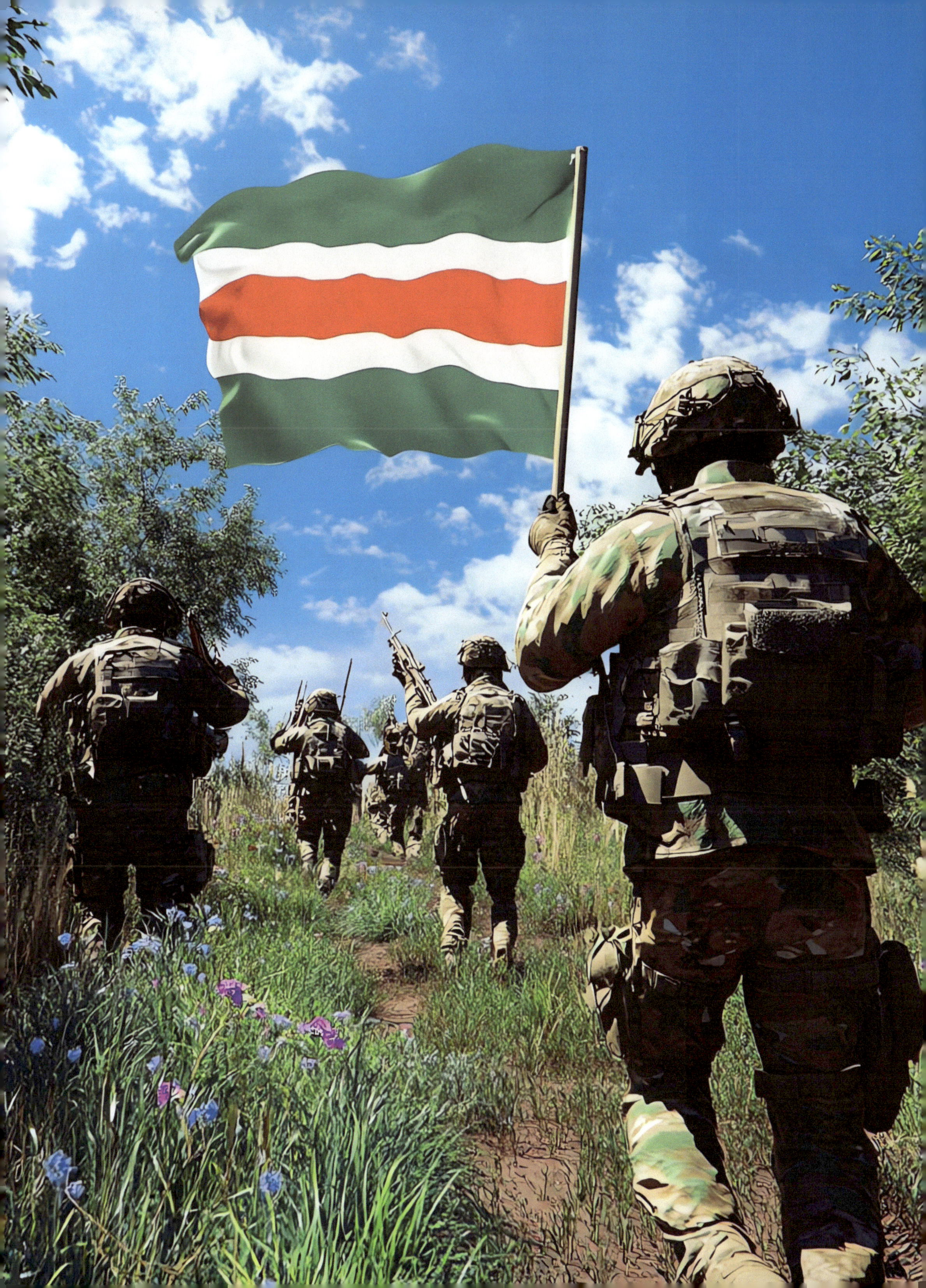

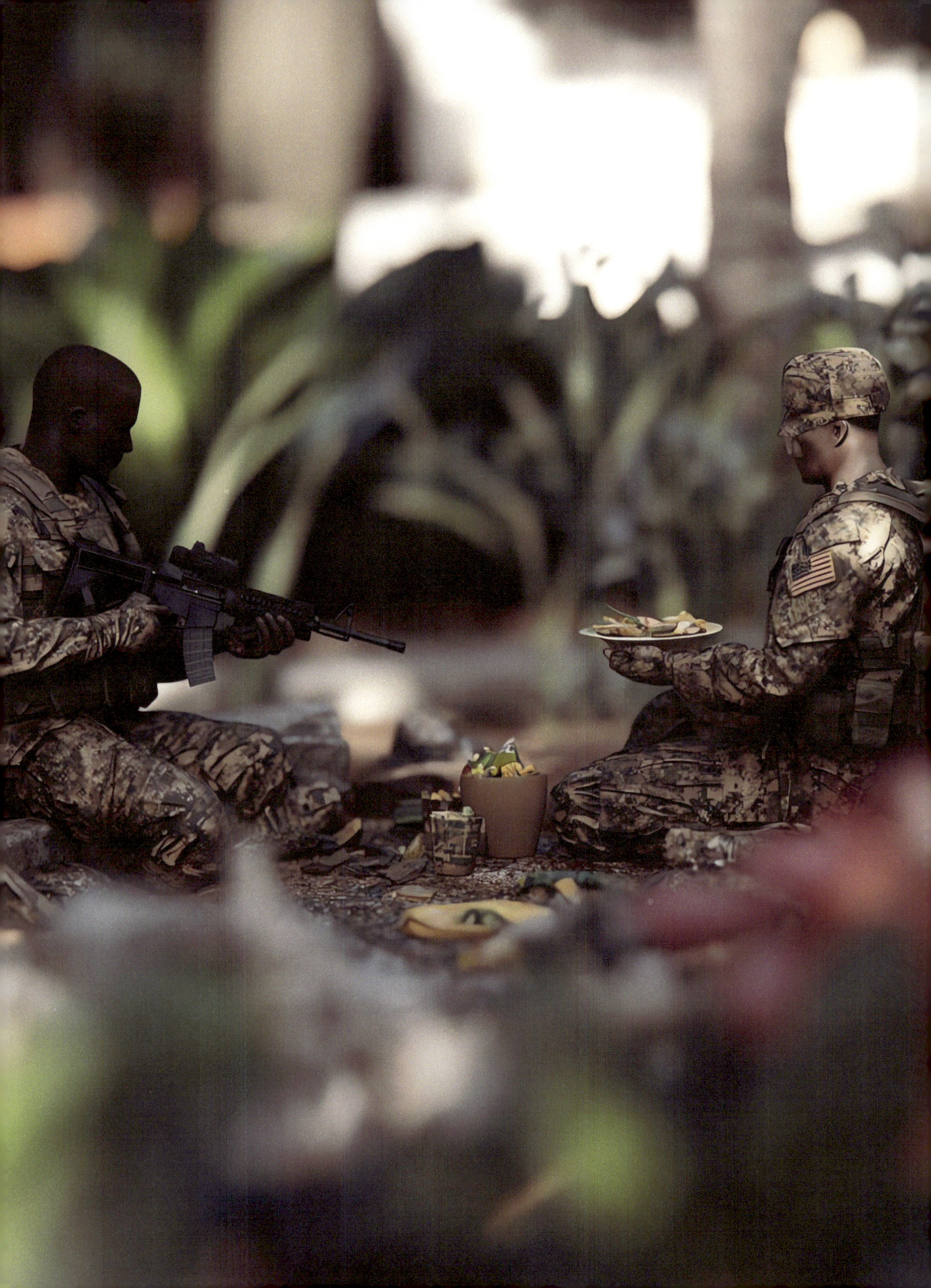

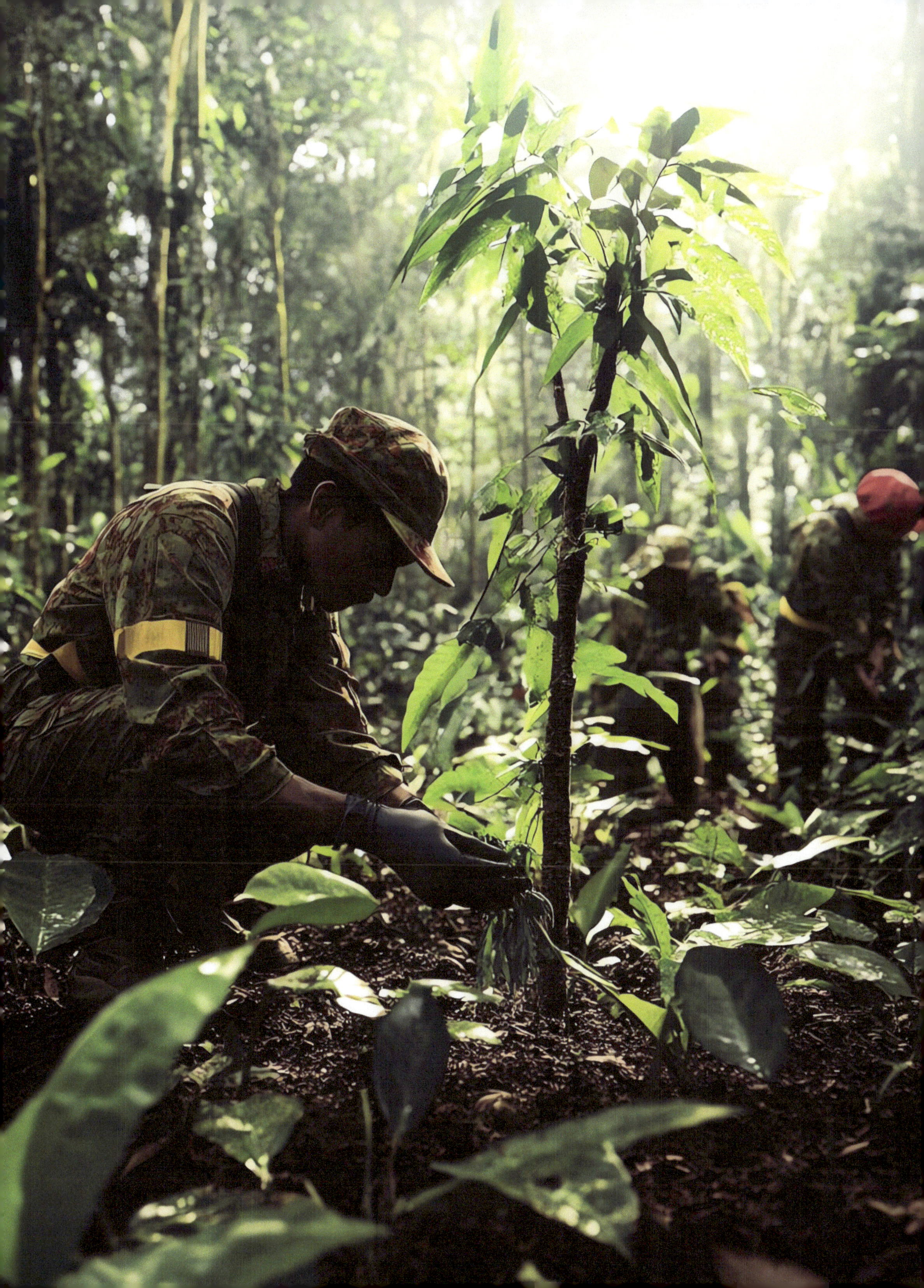

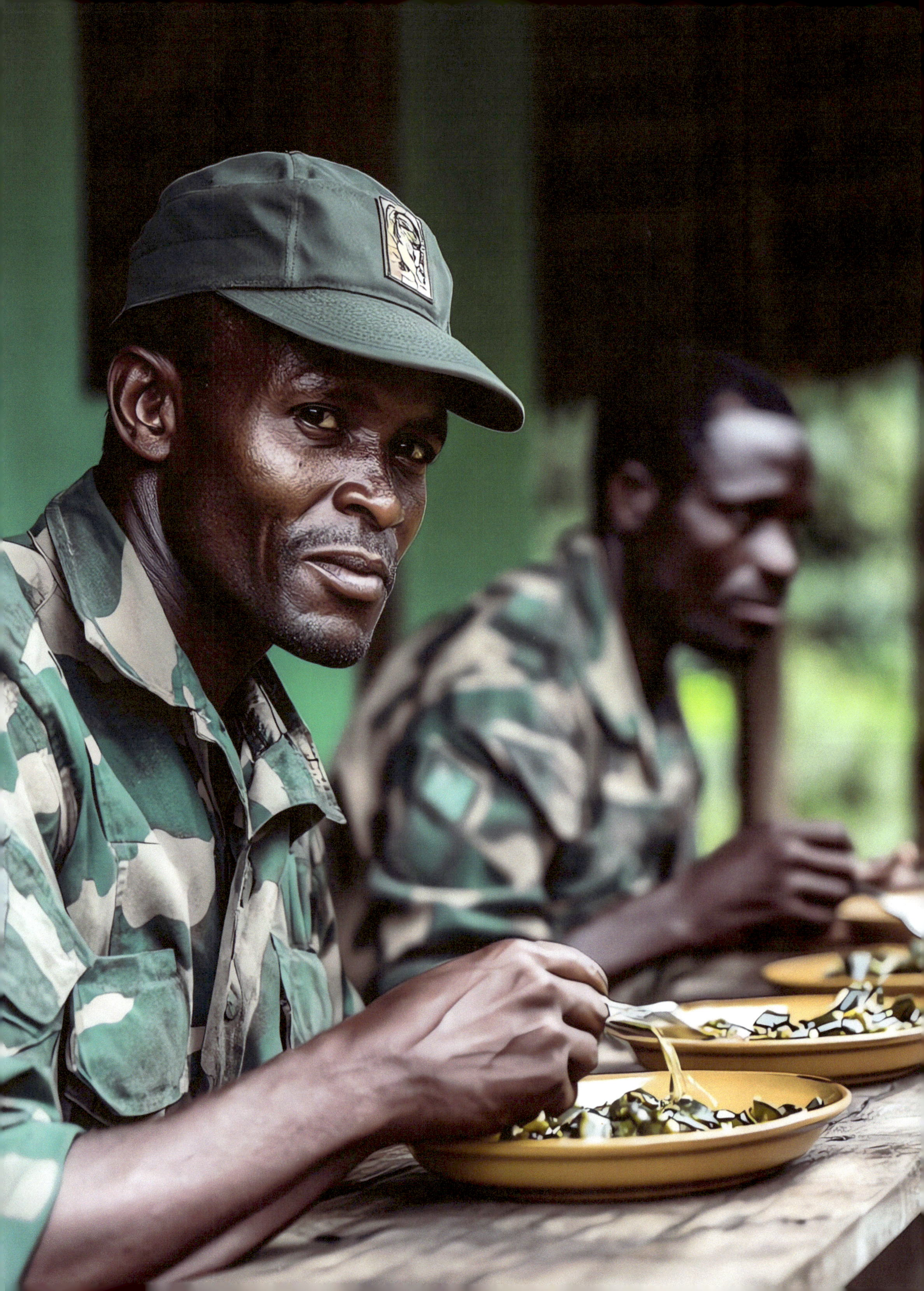

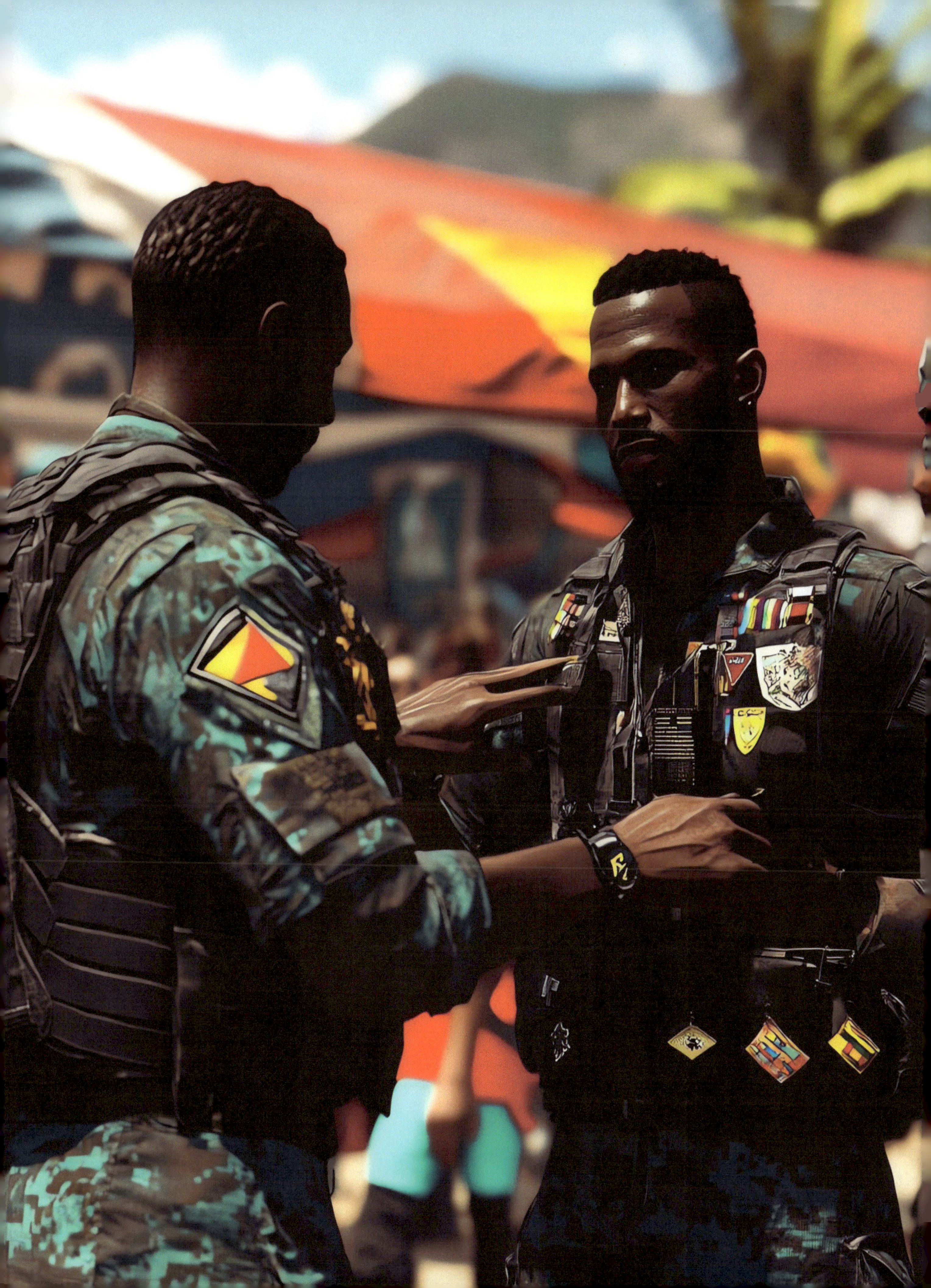

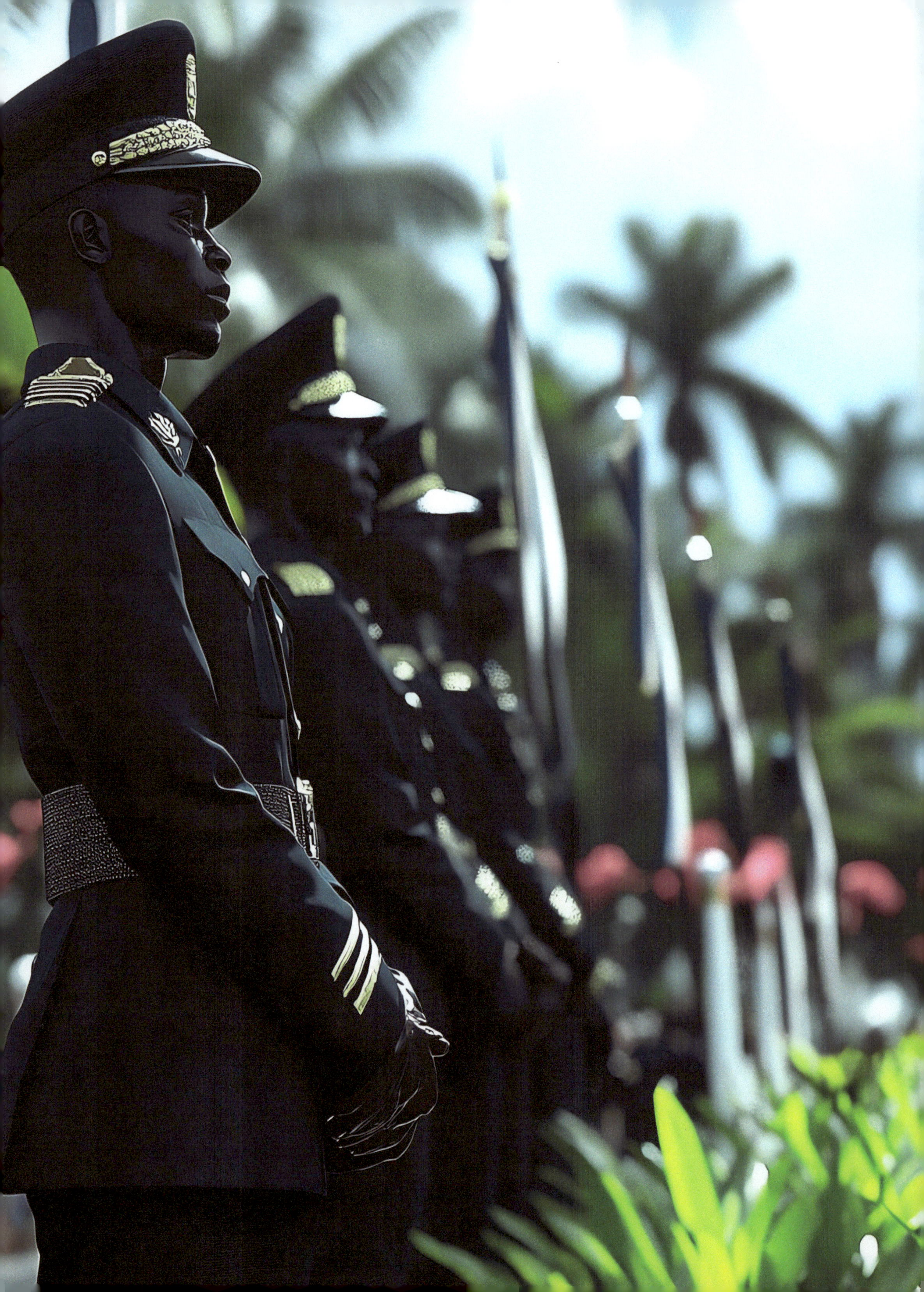

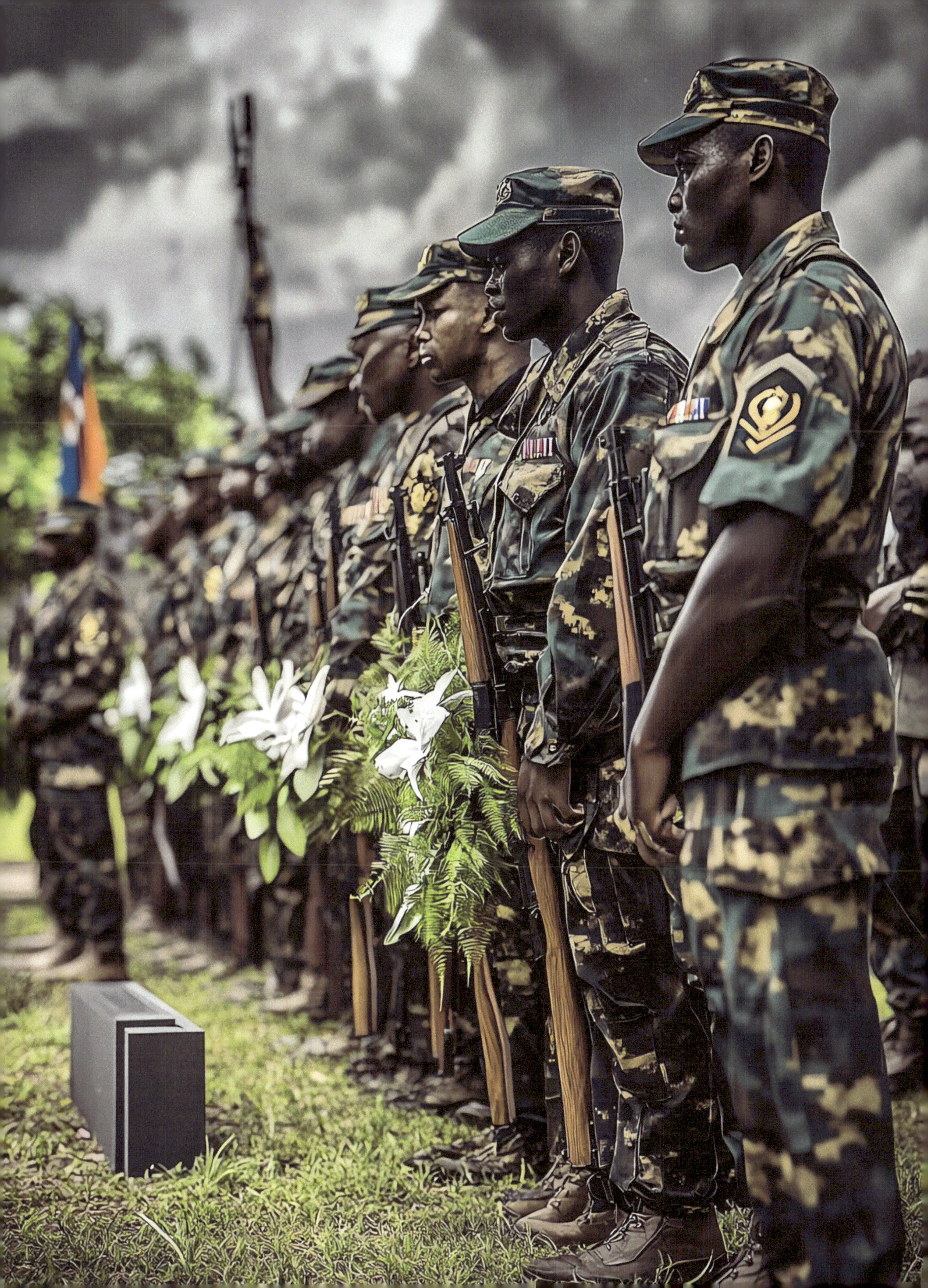

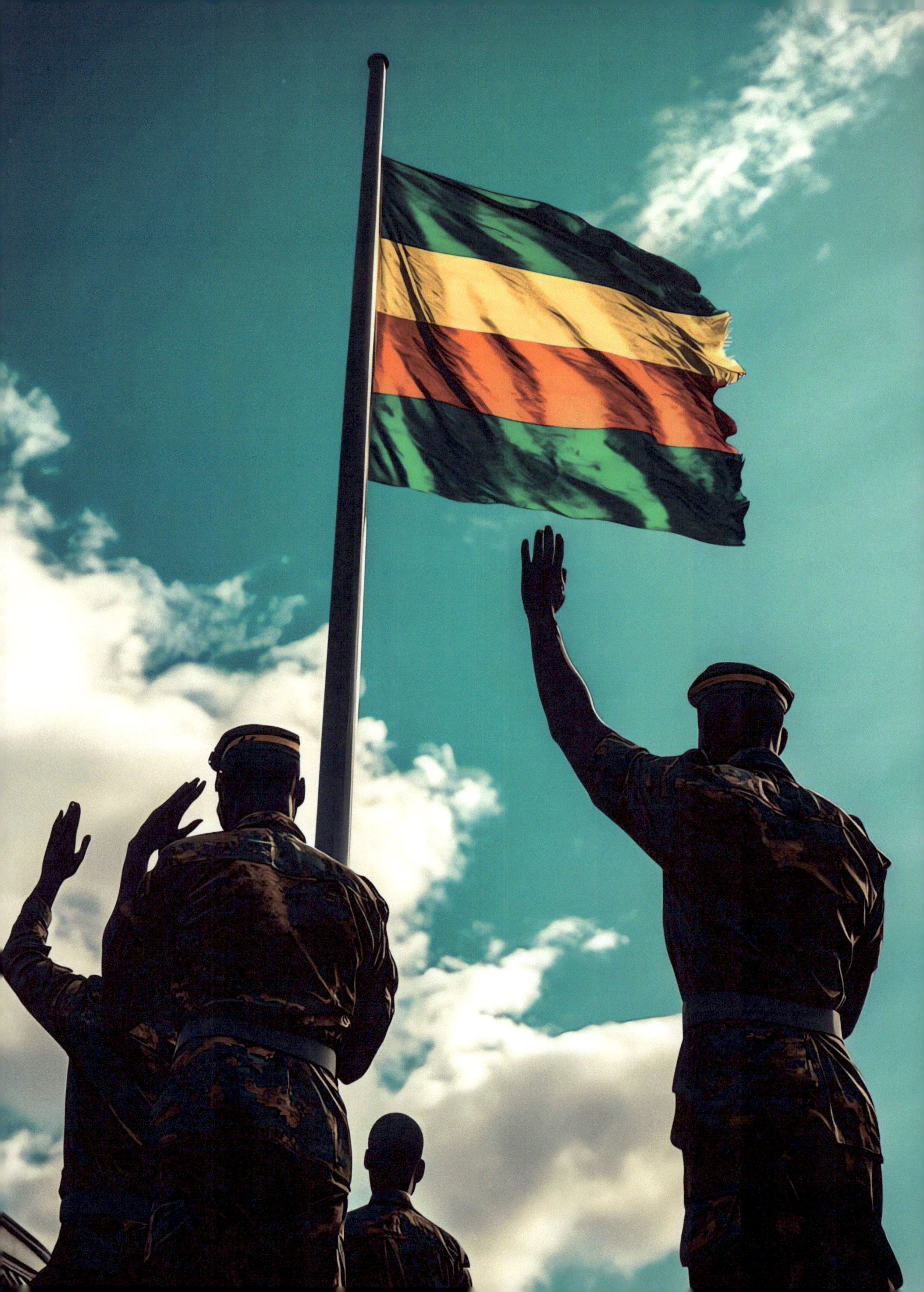

www.ingramcontent.com/pod-product-compliance
Lightning Source LLC
Chambersburg PA
CBHW041934240526
45473CB00034B/1524
* 9 7 9 8 3 0 1 1 9 6 5 6 0 *